U0118710

新世紀叢書
當代重要思潮・人文心靈・宗教・社會文化關懷

克里希那穆提：
最初與最後的
自由
有自覺，才有免於恐懼的自由，
自覺是智慧的開端，恐懼的結尾。

基度・克里希那穆提（J. Krishnamurti）◎著
胡洲賢◎譯者

【本書相關評論】

對自我了解、個人自由及成熟之愛的意義，有著更加深入的洞見察覺，論述手法深刻且新鮮。

——**美國存在心理學家　羅洛・梅**（Rollo May）

當代一個關於人類基本問題的清楚論述，請你運用唯一管用的解決之道——親力親為。

——**《美麗新世界》作者　赫胥黎**（Aldous Huxley）

我個人的生命深受克里希那穆提的影響，他且親自幫助我，突破了對自由自我設限的侷限。

——**印度身心醫學師　狄巴克・喬布拉**（Deepak Chopra）

克里希那穆提的言論詩意、優美、寬廣無垠，且無比睿智。

——**美國佛學作家　傑克・康菲爾德**（Jack Kornfeild）

我覺得克里希那穆提對於我們這時代的意義，是一個人必須為自己思考，而不為外在的宗教或性靈權威所動搖。

——**愛爾蘭民謠搖滾詩人　范・莫里森**（Van Morrison）

最初與最後的自由

【目錄】本書總頁數共336頁

對話

序／赫胥黎（Aldous Huxely）

人類是兩棲動物，同時住在兩個世界當中——已知、自製、現實的世界，和生命、意識及象徵的世界，在我們的思緒中，我們運用了各式各樣的象徵系統——語言、數學、圖像、音樂、儀式等等，沒有這些象徵系統，我們不會有藝術、不會有科學、不會有法律、不會有哲學、不會有文明的基本，換句話說，我們將無異於動物。

象徵因而變得不可或缺，但象徵——不論是我們自己或其他時代都顯示得非常清楚——也會是致命的。想像一下，好比說一手掌握科學，另一手掌握政治和宗教，再依一套象徵來思考，並據此反應，結果就一步步了解及掌控了自然的基本力量；但若依另一套象徵來思考，並據此反應，我們竟也同時利用了這些力量來作為大殺戮和集體自殺的工具。前者說明的象徵經過精選、仔細的分析並漸次順應天然突發的事實，而後者的象徵則基本上選擇不佳，從來沒有經過徹底的分析和改造，以便和人類生活的突發事實相符合。更糟糕的是，到處都以不當的敬意對待這些誤導的象徵，以某種神秘的方式，好像它們比其引用的真相還要真實似的，在宗教和政治的章節當中，文字可說是相當貧乏，沒有辦法扎實的說出事情和事件；相反的，事情和事件反而被當成了特定的文字描述。

直到現在，象徵實際上僅用在我們覺得不特別重要的領域裡，在每個涉及我們深層刺激的情況中，我們都堅持動用不光是不真實，還崇拜偶像、甚至是瘋狂的象徵，結果就是能夠長期且冷血的犯下罪行，其殘暴是唯有在短暫及憤怒、渴望或恐懼到達瘋狂頂點時，才會行使出來的。因為運用及崇拜象徵，人類因而能夠變成理想主義者；而成為理想主義者，就可以把動物間歇性的貪婪轉化成羅德斯島和摩根（J.P. Morgan）大通銀行堂而皇之的帝國主義；動物間歇性的霸凌之愛轉化成史達林主義或是西班牙宗教法庭；動物間歇性的領域觀念轉化成精心盤算的國家主義狂想；慶幸的是，也可以把動物間歇性的仁慈轉化為伊麗莎白・佛萊女士①和文森・迪・保羅②持續一生的仁愛；動物對伴侶和孩子間歇性的奉獻轉化為合理及百折不撓的合作，而這份同心協力發展至今已加強到足以把世界從其他悲慘理想主義的後果中解救出來，但這有辦法解救世界嗎？這問題得不到答案，我們唯一能說的是，在國家主義的理想主義者原子彈在握的情況下，對合作及慈善理想主義者有利的勝算已急遽消退。

就算最好的烹飪書也代替不了最糟的料理，這個事實似乎顯而易見。然而幾世紀以來，最深奧淵博的哲學家、最有學問和最敏銳的神學家，卻不斷的落入把他們純粹的口頭架構和事實視為同一件事的錯誤，或是發展成更大的錯誤，把象徵想像得比它們所代表的真實還要真實，他們可不會不表抗議的就白白放棄他們對文字的崇拜。聖保羅（St. Paul）說：「**唯有精神給予生命；文字反而是在殘害。**」「而為什麼，」艾克哈特③提問：「**為什麼你要說神的閒話？你所說的有關於神的一切都不是真的。**」在世界的另一端，大乘佛經之一的作者確認：「**佛陀從來沒有講過真理之道，想要窺其堂奧，你得親自從中了悟。**」這種發言感覺像是徹底的顛覆，而備受尊崇的人士卻予以忽視。奇怪的偶像崇拜一向高估文字和象徵力量，並且繼續未受檢驗；宗教雖會衰退，可是即便在無神論者當中，形成教義和把信念強加進教條中的舊習慣依然大行其道。

近年來，邏輯學家和語意學家已經依照人們之於本身思想那樣，對象徵做了相當徹底的分析，語言學已經成為一種科學，我們甚至可以去讀一門由班傑明·沃爾夫④取名為「比喻語言學」（meta-linguistics）的課程，這些都很好，但還是不夠。邏輯學和語意學、語言學和比喻語言學——這些都是純粹的理性戒律，分析各式各樣正確或不正確、有意義或沒意義的方法，其中文字可和事情、過程和事件連上關係，但涉及比我們人一方面處在精神整體中、另一方面在其資料和象徵兩個世界間的關係要基本得多的問題時，卻沒有提供任何指引。

在歷史上各個領域與時期裡，都有個別的男性或女性重複的解決這個問題，不過就算他們或說或寫，這些人都沒有創造出制度來——因為他們知道每一套系統都是個持續的誘惑，會讓人把象徵看得太過認真、讓人對文字投注比它們所代表的事情還要更多的關注，他們的目標從來都不在於提供現成的解釋和萬靈丹；而是誘發人們去診斷及治療自己，把他們帶到一個人類的問題與解答都會直接呈現成經驗的境地。

在這本克里希那穆提的文章和演講錄音的選集裡，讀者會發現到當代一個有關人類基本問題的清楚論述，結合一個邀約，請你運用唯一有效的解決之道——親力親為。集體的解決之道，許許多多人拼命寄託信仰的集體解決方式並不夠。「想要了解存在於我們之間以及這世上的不幸和困惑，首先必須找出存在我們體內的清澈，這可以透過正確的思考而非組織來取得，因為組織過的全體思想不過是種重複而已，不能彼此交換，清澈並非口頭論述的結果，而是密集的自我察覺和正確的思考，正確的思考也不是開發智能後的結果，更不是對某種無論多有價值、多麼高貴的型式的順服，**正確的思考來自於自覺，要是你不了解自己，就沒有思想的基礎；沒有自覺，你所想的一切都不真實。**」

這基本的主題是克里希那穆提一段一段發展出來的。「希望在人身上，而非在社會、制度、有組織的宗教系統上頭，是在你和我身上。」有組織的宗教以其仲裁人、聖書、教義、階級和儀式，針對基本問題卻只提供了錯誤的解決方法。「當你引用《薄伽梵歌》（*Bhagavad Gita*）⑤、《聖經》或某些中國聖書時，你都只是在重複，對不對？而你重複的並非真理，那是謊言；因為真理是不能重複的。」**謊言可以被擴充、提倡和重複，但真理不行；你一旦重複了真理，真理就不再是真理了，聖書**

也就不再重要。人是透過自覺，而不是透過信仰其他人的象徵來面對永恆的真相，要是信仰其他人的象徵，他的生命就被禁了足。信仰任何現有象徵全然充分、至高無上的價值並無法達到解放，只會走向歷史，回到更慘的相同舊有災難去。「信仰無可避免的會造成分化。如果你有信仰，或者當你在這特定的信仰中尋求庇護時，你就和那些在其他型式的信仰中尋求安全的人分隔開來了。即便是一樣在宣揚團結之愛，但所有有組織的信仰，其實都建立在分化之上。」成功解決了「資料」及「象徵」這兩個世界間關係問題的人，就是沒有信仰的人。關於現實生活的問題，他懷抱著一系列的實用前提，既適用於他的目的，又用不著把那些前提看得比其他任何種類的工具或器具認真；談及人類夥伴以及他們被侷限的現實，他有愛和洞見的直接經歷；為了保護自己不去信仰，克里希那穆提「不讀任何神聖文學，不讀《薄伽梵歌》，也不讀《奧義書》（*Upanishads*）⑥。」我們其餘的人甚至看也不看什麼神聖的文學，我們都只看自己最喜歡的報紙、雜誌和偵探小說，這意味著我們已來到自己這時代的危機點上，並非帶著愛和見識，而是「以信條和制度」——非常薄弱的信條和制度。但是「良善的人不該有信條」；因為信條無可避免的只會導向「盲目的思想」。沉溺信條幾乎是舉世皆然的現象，如此的無可避免；只因為「我們的養成制度是建立在想**什麼**，而不是**怎麼**想」的基礎上，我們是在相信並且身為某個團體一員的情況下長大成人的——共產主義者或是基督徒、伊斯蘭教徒、印度教徒、佛教徒、弗洛依德學說信徒。結果「你根據舊的模式來回應永遠是新的挑戰；所以你的回應沒有相關的正確、清新與鮮活，如果你像一個天主教徒或一個共產主義者般予以回應，你就是根據一套既定想法在回應，不是嗎？那樣你的回應就是沒有意義的。這個問題難道不是印度教徒、伊斯蘭教徒、佛教徒、基督徒所製造出來的？如同新宗教是種國家崇拜，舊宗教是一種觀念的崇拜。」如果你根據舊規定來回應新挑戰，你的反應就沒有辦法讓你了解新挑戰。因此「**為了迎接新挑戰，一個人該做的是完全剝除掉背景，讓自己赤裸裸的，全新的面對挑戰。**」換句話說，象徵永遠不該被高舉到教義的等級，任何制度也不該被高估在臨時便利之上，信仰教條與依照這些信仰所做的行動沒有辦法為我們帶來解決問題的方法。「**唯有透過我們自己創造性的了解，才能有個創造性的世界、一個快樂的世界、一個沒有念頭的世界。**」一個不存在著觀念的世界是快樂的世界，因為那會是個有著強大調節力、不會強迫人採取不適當行動的世界，是個不會把最糟的罪行正當化、把最笨的愚行拼命合理化的神聖教義的世界。

一個不教我們怎麼思考，而是思考什麼的教育，是一種需求靈性導師與大師統治階層的教育，但是「引導別人的這個想法，本身就是反社會、反精神的。」對於實行的人來說，領導帶來了渴望權力的滿足感；對於受領導的人而言，則帶來了想要肯定和安全的滿足感，**精神導師**提供了一種麻醉藥。但是有人可能會問：「那**你**在做什麼？你不是在做我們的**精神導師**嗎？」克里希那穆提回答道：「我當然不是在做你們的**精神導師**，因為，首先，我沒在給你們任何滿足感，我沒有時時刻刻、日復一日的告知你應該要做什麼，只指出一些事情給你看；你可以採用，也可以置之不理，全部由你、而不是由我來決定。我對你毫無要求，既不要你的崇拜，也不要你的奉承，不要你的侮辱，也不要你的神明，我只指出這是事實；隨你要或不要，而你們大部分的人都會置之不理，緣於你無法從中發現滿足的這個明顯理由。」

克里希那穆提到底提供了什麼？如果要的話，我們可以去拿，但我們大有可能寧可不要的東西，那究竟是什麼？如我們所見的，不是一套信仰系統、一個教義目錄、一套現成的觀念和理想，不是領導、仲裁、精神的指導，甚至不是範例，不是儀式、教堂、密碼、提升或者任何形式的啟發廢話。

那有可能是自我規範嗎？不；因為殘酷的現實是：自我戒律並非我們問題的解

決之道，為了要找到解決的方法，心靈必須對真相開放、必須面對沒有偏見或限制的外在與內在的假設（神的禮拜是完全的自由，反過來說，完全的自由就是神的禮拜），在變得守紀律的過程中，心所經歷的並非徹底的變化；仍是舊有的自己，「是限制、控制住。」

於是，自我規範加入了克里希那穆提不提議做的事情名單之中，那麼他所提供的有可能是祈禱嗎？答案還是否定的。「祈禱有可能為你帶來答案；但那答案可能從你的無意識、從一般的累積、從你囤積的一切索求當中而來，這樣的答案並非神的沉靜之聲。」仔細的想一下，克里希那穆提繼續說下去。「在你祈禱的時候會發生什麼事，藉著持續重複一定的片語，還有掌控你的思想，你的心安靜了下來，不是嗎？至少意識之心安靜下來了，你或像基督徒般跪拜，或像印度教徒般打坐，重複再重複，而透過那種重複，心靜了下來，在那樣的靜謐當中，出現了某種親密的東西。你所祈禱而來這親密的東西可能來自無意識，或者是你記憶的反應，但那當然不是真實之聲；因為真實之聲會自然而然的浮現；無法假以外求，你沒有辦法靠著祈求而得到，你沒有辦法藉著印度教的禮拜或傾聽內在音流或其他的一切，藉著獻花、安撫、壓抑自己或和他人競爭來把它誘進你小小的籠子裡。你一旦學會了安靜心靈的技巧，透過字句的重複，並在那樣的靜謐當中接收暗示，危險就在於——除非你非常警覺的知道這些暗示從何而來——否則你就會身陷其中，然後祈禱變成尋求真理的代替品，你會得到你所求的東西；但那不是真理，如果你要，如果你求，就會得到，但最後還是會付出代價。」

從祈禱說到瑜珈，而我們發現瑜珈是克里希那穆提並不提議的另一樣東西，因為瑜珈要專注，而專注是排外的。「你藉由專注在你所選擇的一個，並且排除其他的想法來築起一道防禦之牆，」一般所稱的冥想只不過是「在一個我們所選擇的想法上培養排外專注的防禦而已。」但又是什麼讓你選擇的呢？「是什麼讓你說這是好的、真的、高貴的，而其他的不是呢？顯然選擇是居於愉悅、回饋或收穫；或者只是一個人條件支配及傳統的反應呢？為什麼不檢視所有的想法呢？在你對很多事物感興趣時，為什麼只選擇一個？為什麼不檢視每一個興趣呢？與其製造了抗拒，為什麼不深入每個浮現的興趣，而不光是專注在一個念頭、一個興趣上呢？畢竟你是由許多興趣組合而成的，你有許多有意識和無意識的面具，為什麼要單選擇一個，而丟掉其他所有的呢？在耗盡你所有精力的爭鬥中，自然製造了抗拒、紛爭和不和。然而要是你檢視每個浮升的念頭——**每一個**想法，而不是只有幾個想法——那就沒有排他性了。不過檢視每一個想法是件耗費心力的事，因為在你檢視一個想法時，另一個就會溜進來，不過要是你不操縱、不批判的加以察覺，你就會看到若只是正視那個想法，就沒有其他的想法會侵入，只有在你責難、比較、算計時，其他的想法才會進駐。」

「不論斷人，以免被人論斷。」這個誡戒教義說的既是與別人，也是與我們自己的相處之道，只要有論斷、有責難，就不見開放的心；無法脫離符號和制度的暴政，逃避不開過去和環境，以預設的目的內省、在某種傳統密碼、某套神聖公理框架下的自我檢驗——這些都不是、也無法幫上我們的忙。世上有種生命超然的自然情況，一種克里希那穆提所稱的「創造性的真實」，唯有在感受心處於「警醒被動」、「非選擇性之察覺」時，就會主觀的展現。論斷和比較會讓我們無可挽回的投身二元性，唯有非選擇性的覺醒會導致非二元性，導致敵對在全然的了解和全然的愛中調停，Ama et fac quod vis ⑦，意思是愛讓你得以從心所欲。可是如果你先從心所欲，或者為了服從某些傳統的制度或觀念、理想和公理而不從心所欲，你就永遠都無法去愛。解放的過程必須從你隨心所欲、非選擇性的察覺，以及你對告訴你應該或不應該從心所欲的符號制度的反應開始，透過這非選擇性的察覺，在它穿透自我及組合之潛意識的相連層次時，會帶來愛與了解，但我們比較熟悉的卻是另一個有別於它的秩序。這非選擇性的察覺——在生命中的每一個時刻與所有的環境下——是唯一有效的冥想，瑜珈其他所有的形式不是導致源於自我戒律的盲目思考，就是某種自我勸誘的狂喜，某種錯誤的「定」⑧。**真正的解放是「創造性真實的內在自由」，這「不是個天賦；而是要去發現和經歷的，不是蒐集給自己用來榮耀自身的所得，而是如同寂靜的一種生命狀態，其中沒有變化，只有完整。**這種創造性或許不需要尋求展現；它不是一種需要往外顯示的才能，你並不需要是一名偉大的藝術家或者需要觀眾；若是你要這些，就會失去內在的真實。它既不是天賦，也不是才能的成果；這不朽的珍寶是要從思想擺脫貪慾、惡意和無知，擺脫俗世和個人企圖變成什麼之處去找，要透過正確的思考和冥想來經歷。」非選擇性的自我察覺會帶我們到創造性的真實，強調出我們所有毀滅性的偽裝；儘管無知、儘管不過是另一種無知形式的知識，還是會帶我們到始終都在的澄澈智慧，知識是一種符號，而且還經常是一種智慧的障礙，一顆達到智慧靜謐的心靈「會知道生命，會知道什麼叫做去愛，**愛不是個人的也不是非個人的，愛就是愛，不用被心定義或形容為排外或非排外的，愛**

就如它本身的有恆；是真實、至高無上、無法丈量的。」

譯註

①Elizabeth Gurney Fry（1780-1845），英國人，中產階級的清教徒，可說是第一位推動女性與少年受刑人監禁環境改革的先鋒，並隨即流傳至美國，促成美國女子監獄之改革。

②Vincent de Paul（1576 or 1580-1660），法國聖徒，天主教遣使會創建人。

③Eckhart（1260-1327），萊茵蘭神秘主義派創建人，是德國新教教義、浪漫主義、唯心主義、存在主義的先驅。

④Benjamin Whorf（1897-1941），美國知名語言學家。

⑤被視為印度教徒常備經典的宗教敘事詩。

⑥古印度哲學著作，約成書於西元前八〇〇至五〇〇年。

⑦聖奧斯丁的名句。

⑧梵文 Samadh，又譯為三摩地，是修煉瑜珈的目標，也就是俗稱的天人合一。

The First and Last Freedom

1 前言 Introduction

即便我們熟悉彼此，人與人的溝通依舊非常困難。我用的語言聽在你耳朵裡，意義可能與我的原意完全不同。唯有你與我、我們同一時間在同一層級上相通，才會相互了解，而那只會發生在人與人、丈夫與妻子、知己之間情感確實融洽之際，當我們同一時間在同一層級上相通時，便能取得即時的了解。

想要斷然、有效又輕鬆的與人溝通相當困難，我用的是非技術性的簡單語言，因為我並不認為任何技術性的表達有助於我們解決問題；所以我不用術語，無論是心理學或科學的都不用，所幸我也沒讀過任何心理學或宗教書籍。我會用我們天天都在使用、非常簡單的語言來表達一個比較深的道理；可是如果你不懂得傾聽之道，相通還是非常困難。

聆聽是門藝術，一個人應該放棄或撇開所有的偏見、預設的成見和日常活動，才算真的會聽。若懷抱一種接受的心靈狀態，事情就會變得容易理解，在真正注意某件事時，就會專心的聽。可惜的是，**大部分的人都是透過一層抗拒在聽話，我們被無論是宗教或精神上的、心理學或科學的偏見、或日常的煩惱、慾望和恐懼所矇蔽，我們透過這些面紗在聽話，我們其實是在聽自己的聲響與噪音，而不是別人說的話。**想要把我們所受的訓練、偏見、喜好放在一旁，超越口頭上的傳達來聆聽，以求得即時的理解是相當困難的，這是我們會面臨的困難之一。

如果在這篇文章中，有任何事情和你所思、所信互相違背，那就聽吧，不要抗拒。你或許對，我或許錯，可是藉由一起聆聽和思索，我們將找出真理。**真理沒有辦法由別人給你，得靠你自己去找出來；**而想要挖掘真理，一定得有直接認知的心態，若有抗拒、守衛和保護，直接認知就不見了。了解是透過明白**真相**（*is*）而來的，能以不帶譴責和辯解的說明來得知**真相**、現實，絕對是智慧的開端，只有在開始根據自身的條件、根據自己的偏見來說明和演繹時，我們才會錯失真理，畢竟這就像是做研究一樣。想要真正的認識某件事，必須研究——你不能根據你的心情來演繹。同樣的，如果我們可以留心、觀察、傾聽及認知**真相**，那麼問題就解決了，而那正是這所有的論述想要達到的目標。我會對你指出**真相**，而不是根據我的幻想來演繹；

正如你也不該根據你的背景或訓練來演繹或說明一樣。

難道說察覺任何事情的本質是件不可能的事嗎？實際上以此為出發點，就能取得理解。認知、察覺、掌握了真相，就會終止掙扎。如果我知道自己是個騙子，而這是我所承認的真相，那麼就不會再有掙扎，認知、察覺到一個人的真實面貌，就已經開啟了智慧、開啟了理解，把你自時間中解放出來。帶入時間之質——不是年代記感（chronological sense）、而是做為一種媒介、做為精神心理過程、做為心靈過程的那種時間——是種製造混亂的毀滅。

所以，只有在不帶責難、批判和驗證的辨認時，我們才能了解**真相**，在一個特定的情況、特定的狀態中明白這點的人已在解放的過程中；可是一個不知道自己的情況、自己的掙扎、想要成為自身之外者的人，會養成慣性。因此請讓我們謹記心中想要檢視的**真相**，想要觀察及察覺**真相**的究竟，不要賦予任何觀點、不要賦予任何演繹，需要的是異常機伶的心智、特別柔軟的心靈來察知及跟隨**真相**；因為**真相**隨時在動、隨時在轉化當中，想要緊緊追隨，你需要一個相當快速的心智和一顆柔軟的心——當心靈靜止不動、固著於一個信念、一個偏見、一個認同，就會遭到否決；而乾涸的心智和心靈是跟不上輕鬆、快速的**真相**的。

我想用不著太多的討論、太多的口頭表達，大家就明白這世上有著個別和集體的混亂、迷惑和不幸，這不只發生在印度，而是舉世皆然；中國、美國、英國、德國……全世界都有困惑、累積的悲傷，不在於某個國家、某個地方，而是遍佈全球。非比尋常的劇痛絕非個別，而是集體的，所以這是一個世界性的大災難，將其僅僅侷限於某個地理區域、侷限於地圖上的一個色塊是荒謬的；因為這樣一來，我們就無法像了解個人痛苦那樣的了解這世界的全貌，認知到這個混亂，我們今日的回應為何？我們如何反應呢？

世上有苦，政治的、社會的、宗教的；我們整個心理亂成一團，所有的領袖、無論是政治或宗教的都令我們失望；所有的書籍都失去了意義，你可能會投向《薄伽梵歌》或《聖經》或最新的政治或心理論述，結果發現它們全失去了聲響、失去了實質，空餘文字；重複這些文字、迷惑不定的你，只在重複這些毫無意義的字眼而已，那些言論和書籍都失去了它們的價值；也就是說，引述《聖經》、馬克思主義或《薄伽梵歌》的你，如同引述你本人的不定和困惑，你的重複就變成了謊話；因為文字變成了宣傳，**而宣傳並非真理，所以當你重複時，你就不再了解自己了，你只是用權威的話語掩蓋了你的迷惑，但我們真正想要努力的，是搞清楚困惑，而不是用**

問題遮掩它們；所以你的反應是什麼？你如何回應這非比尋常的混亂、這些困惑、這不確定的生活？請察覺，如同我先前討論過的：追隨，不是追隨我的話，而是追隨你心中活動的思緒。我們讀書但不寫書，做旁觀者已經成為我們的傳統、民族和舉世的習慣，看足球賽、看政治人物和雄辯家，我們只是置身事外的人，光用看的，失去了創造力，所以才會想要吸收和參與。

如果你只是旁觀、只當觀眾，那就失去了整個論述的意義，因為這並非一場你迫於習慣來聽的演講，我並不打算給予任何你自己能從百科全書裡頭找到的資訊，我們想要嘗試的是跟著每一個人的思緒，盡量深遠廣闊的推行涵義，以及我們情感的反應，所以請找出你對這緣由、這苦痛的反應；不是別人說了什麼，而是你自己有什麼回應。如果你得利於苦痛、混亂，無論是經濟、社會、政治或精神上的，如果你從中獲利，那你的反應就會是冷漠中的一員，所以這混亂的持續與否，你根本不以為意，當然啦，世上越麻煩、越混亂，越多人想要尋求庇護，你沒注意到這一點嗎？當世道混沌之時，無論是心理上或在各個方面，你就會把自己關入某種安全當中，不論是銀行帳戶或一種意識觀念中；或者轉而禱告、到廟堂去——真的避開了正在世上發生的種種。於是越來越多的教派形成，越來越多的「主義」在世界上嶄露頭角，因為越迷惑，你越需要一個領導人，需要某個可以帶領你走出這一團混亂的人，所以你轉而投向宗教書籍、最新的老師；不然就依照一個好像能夠解決問題的、不論左右派的制度來行事及反應，就是這麼一回事。

你一察覺到困惑，察覺到**真相**，就想辦法要逃離它。提供給你一個制度解決經濟、社會或宗教痛苦的那些教派是最糟糕的；因為制度會變得重要，而不是人——無論是宗教制度，或左派或右派的系統，制度變得重要，哲學、想法變得重要，而不是人；但為了想法、意識形態的關係，你會樂意犧牲掉人類，這就是正在發生的事情。這不只是我的演繹而已，如果你用心觀察，就會發覺現況真的如此。隨著制度變得重要，人、你和我便都失去了意義；而掌握制度的人，不管是宗教或社會的、無論是左派或右派的，都展露出權威、有力的模樣，於是犧牲了你、個人，這就是正在發生的事情。

那麼，這困惑、不幸的原因是什麼？這不幸、對戰爭的預期和恐懼、感覺第三次世界大戰即將爆發的困惑從何而來？導因何在？當然指向所有道德、精神價值和所有感官價值、所有手造或心造萬物價值榮光的瓦解，當我們除了感官之物的價值，除了心靈、雙手或機器產物的價值之外，毫無其他價值時，會怎麼樣？同樣的，這仍然不是我的理論，你用不著引經據典來找出你的寶貝、你的財富、你建立在用手或心所創造出來的事情之上的經濟與社會實體，所以說，我們是根據感官價值在生活、運作且沉湎其中，意味著那些東西、那些心的東西、那些手和機械的東西已經變得重要；而當事情變得重要，信仰就變得優越且重要——眼前所發生的事情正是如此，不是嗎？

於是，賦予感官越來越高價值的意義，就會引來困惑；而一旦心生困惑，我們就會想要透過不同的型式，無論是宗教、經濟或社會，或者透過野心、透過力量、透過追求真相來逃離，但真理根本就在身邊，你根本用不著去苦苦追尋；一個追求真理的人永遠都找不到，真理就在**真相**裡頭——那正是它美之所在。可是你一開始構思，一開始追尋它，就開始了掙扎；而一個掙扎的人是無法了解的。這就是為什麼我們必須靜止、留心、被動的察覺，我們看到我們的生活、行動一直都在毀滅的、令人難過的領域中；就像波浪一樣，困惑和混亂總是會追上我們，在困惑的生活中永無休止。

我們現在所做的一切似乎都通往混亂，似乎都通往哀傷與難過，看一下你的生活，你會發現我們總是生活在悲傷的邊緣，我們的工作、我們的社會活動、我們的政治、各個想要阻止戰爭的國家結盟團體，結果全都在製造更多的戰爭，毀滅接在生之覺醒後；我們所做的一切都在導向死亡，這就是眼前的現況。

我們能夠立即停止這種不幸，而且不要總是被困在困惑與悲傷的浪潮中嗎？偉大的上師，無論是佛陀或基督遂而降臨；他們接受了信仰，或許還讓自己從困惑與悲傷中解脫出來，但他們永遠防止不了悲傷，永遠終止不了迷惑，迷惑會一直、一直持續下去，要是看到這社會與經濟困惑、這混亂、這不幸的你，隱身進入所謂的宗教生活，放棄了俗世，你可能會覺得自己已經加入了這些偉大的上師行列；但世界卻繼續其混亂、不幸及毀滅，無論貧富都持續飽受折磨，所以我們的問題，你和我的，就在於能否立即踏出這不幸。如果生活在這世界上的你拒絕成為那其中的一份子，你就會幫忙其他人脫離這團混亂——不是在未來、不是在明天，而是現在。戰爭也許會來，在形式上會更具毀滅性也更駭人，我們無法防止這件事，因為這議題太大也太迫切了。但是你和我能夠立刻感受到困惑與不幸，對不對？我們必須感受它們，並就正確的位置喚起其他人相同的內在真理了悟，換句話說，你可以立即解脫嗎——因為那是脫離這種不幸的唯一方式，感受只能在當下發生；但如果你說：「我明天再來做。」迷惑的波浪就會趕上你，你就會永遠陷在困惑當中。

那我們現在來看看，真有可能達到一種你本人一旦感受到真理，就能因此終結困惑的狀態嗎？我說可能的，那也是唯一的可行之道；我說不但可以，而且非做不可，不是基於假設或信仰，引發這非比尋常革命的——不是擺脫掉資本主義，代入另一個團體的改革——引發這美妙的轉化，唯一貨真價實革命的，其實是問題，一般所謂的改革只是修正或者根據左派的想法來延續右派，而左派終究只是右派修正版的延續而已，如果右派是建立在感官的價值上，那左派也不過是延續了同樣的感官價值，只是程度或表達方式不一樣而已。所以說，真正的革命只有在你這個個體察覺到你與別人的關係時才會發生，你在與他人、與你太太、與你孩子、與你老闆、與你鄰居間關係中的模樣，便是社會。社會本身是不存在的，社會是你和我，在我們的關係之中所創造出來的；是我們內在心理狀態對外的整個投射，所以如果你和我連自己都不了解，光轉化內在投射的外在，一切就都沒意義了；也就是說，只要我對和你關係中的自己繼續不了解的話，那在社會中就產生不了什麼有意義的改變和修正。只要在我的關係中困惑，我創造出的社會就是個仿製品，是我樣貌的外在呈現，這是個我們可以討論的明顯事實，我們可以討論到底是社會、是外在風貌製造了我，還是我製造了社會。

所以，我是在與他人的關係中創造出社會，我若沒有徹底的轉化，就不可能轉化社會的基本運作。當我們期待一套轉化社會的制度時，我們只是在規避問題，因為制度沒有辦法轉化人；**永遠是人在轉化制度，這一點歷史已經有所呈現，除非在我跟你的關係當中了解自己，否則自身便恆是混亂、不幸、毀滅、恐懼、殘暴的根源；了解自己和時間無關，我可以在當下就了解自己。**要是我說：「我明天再來了解自己。」我就帶來了混亂和不幸，我的行動是毀滅的，在我說我「將會」了解的那一刻，就把時間的元素帶了進來，並且已經陷入了迷惑和毀滅的波浪中，**了解是在當下，不是明天，明天是給懶惰的心、拖拖拉拉的心、不感興趣的心來用的**，當你對某件事情有興趣時，你會即時做，而獲得當下的了解、當下的脫胎換骨，要是你現在不改變，你就永遠都不會改變了，因為**明天才做的改變只是修正，而不是轉化，轉化只可能發生在當下；改革就在此刻，而非明日。**

發生那種事的時候，你就完全沒有問題了，因為自我再也不用擔心；然後，你也就超越了毀滅的浪潮。

2 我們在追求什麼？

What are we seeking?

我們大部分的人在追求什麼？我們每個人都想要的是什麼？特別是在這個人人都想找某種祥和、某種幸福、一個避難所的不安世界裡，找出我們努力尋求、想要發覺的是什麼，顯然是重要的。在這個飽受動盪、戰亂、爭端、糾紛之苦的世界裡，我們大部分的人大概都在追求某種快樂、某種祥和；我們想要一個有一點和平的避難所，我想這就是我們大部分的人所想要的，所以我們會不斷的追求，從一位領袖到另一位領袖，從一個宗教機構到另一個宗教機構，從一個導師到另一個導師。

想一下，我們在追求的到底是快樂，還是某種我們想從中汲取快樂的滿足而已？滿足和快樂是不同的，快樂是**追求**得到的嗎？或許你可以找到滿足，但快樂肯定是**找不到的**；快樂是種衍生物，是其他東西的副產品，所以在我們奉獻心力給某樣需要莫大的認真、專注、思考和關切前，我們一定要搞清楚自己在追求的是什麼，是快樂或滿足？恐怕我們大部分的人追求的都是滿足，我們想要滿足，想要在追求之後得到一種滿足感。

畢竟如果一個人是在追求祥和，那很容易找到，這個人只要把自己盲目的奉獻給某種根據、某種想法，然後窩在那裡頭就行，但那當然解決不了任何問題，隔絕在一個封閉的想法中，絕對無法從紛爭中解脫，所以我們一定得找出來。**我們每一個人內在和外在的需求是什麼，如果弄清楚了，那就不假外求，到任何地方去、找任何老師、上任何教堂、參加任何組織了。因此，我們的困難就在顧及我們動機的同時，搞清楚我們自己**，但我們搞得清楚嗎？而這份清明是透過搜尋、透過發掘上自上師、下至偏僻角落教堂裡一位牧師的其他人在說些什麼而來的嗎？你曾去找某人尋求答案嗎？然而，那都是我們正在做的事，不是嗎？我們讀不計其數的書，我們參加許多聚會和座談，我們加入各式各樣的機構——希望因而找到醫治紛爭、解除我們生活中悲慘的良方，或者，要是我們沒這麼做，就是認為自己已經找到了；意思是說我們認為有個特定的機構、有位特定的老師、有本特定的書已經滿足了我們；我們已經在裡頭找到我們想要的一切；然後就待在裡頭，具體化的封閉起來。

透過這一切的迷惑，我們不是在尋求某些永恆、某些持續、某些我們稱為真相、神、真理、隨便你叫的東西——名稱不重要，文字當然不等同於事情，所以別讓我們陷在字眼當中，把那留給專業的演講家，大部分的人都在追求某種永恆的事，是不是？——某種我們可以攀附、可以給我們保證、希望、持久的熱衷、持久的確定的東西，只因為我們心中是那麼的不確定，我們不認識自己，我們知道一大堆事實以及書裡頭說了些什麼，但那都不是我們自己知道的，我們並沒有直接經驗。

而我們所謂的永恆又是什麼？我們在追求什麼會、或者我們希望會帶來永恆的東西？我們不是在追求持久的快樂、持久的滿足、持久的確定嗎？我們想要某種可以持久延續、可以滿足我們的東西，如果我們剝除掉所有的文字和格言，真正的予以直視，那才是我們想要的東西，我們想要永恆的歡愉、永恆的滿足——我們稱之為真理、神或任何你想叫的名稱。

很好，我們想要歡樂，或許這樣說非常殘酷，但那真的是我們所想要的——會帶給我們歡樂的知識，會帶給我們歡樂的經驗，一種明天不會凋萎的滿足。當然，那是我們每一個人都在追求的——聰明的和愚笨的、空談家和努力追求**真相**的人，但世上可有永恆的滿足？可有能夠持久的東西？

好，如果你在追求永恆的滿足，稱之為神、真理或任何你想給予的名稱——名字並不重要——你當然得先了解你所追求的東西，是不是？當你說：「我在尋求永恆的快樂。」——神、真理或任何你想給予的名稱時——你難道不也必須先了解你所搜尋的事情、人、追求者嗎？因為世上可能沒有永恆的安全、永恆的快樂這回事，真理可能是完全不同的一回事；而我認為那和你所看到、懷想、整理的一切**是**完全不同的，因此，在我們追求某種永恆的東西前，不是必須先了解追求者嗎？追求者有別於他所追求的東西嗎？當你說：「我在追求快樂。」追求者和他所尋求的目標有什麼不一樣嗎？思想者和思想不同嗎？它們不是個結合的象徵，並非分開的過程嗎？所以，在你試著發掘他在追求什麼之前，先了解追求的人，應該是個基本要件，不是嗎？

我們已經來到一個得認真、深刻的自問的時刻，問自己和平、快樂、真實、神或任何你想給予的名稱可否由別人給你，這永無終止的追求、這份渴望給了我們非比尋常的實際感，那種創造力，是在我們真的了解自己的時候出現的嗎？自覺是透過追求、透過跟隨其他人、透過屬於任何特定的組織、透過閱讀書本等等而來的嗎？畢竟，這才是重點，不是嗎？**只要我不了解自己，我就沒有思考的基礎，那麼我所有的追求也就枉然。**我可以逃進幻象中，我可以逃離爭論、紛爭和掙扎，我可以崇拜另一個人，我可以透過別人找到我的救贖，但只要我們繼續對自己一無所知，只要我們繼續對自己整個過程毫無所覺，我就沒有思考、感情和行動的基礎。

但這卻是我們最不想要的一件事：認識自己當然不是我們能夠建立的唯一基礎，但是，在能夠建立起來之前、能夠轉化之前、能夠責難或摧毀之前，我們必須知道自己是什麼。往外尋求，換老師、**精神導師**，練習瑜珈、呼吸法，進行儀式，遵循大師和其他的一切，完全沒有用，是不是？這沒有意義，甚至我們追隨的人本身就可能會說：「去研究你自己！」因為我們是什麼樣子，世界就是什麼樣子。如果我們漂亮、嫉妒、徒勞、貪婪——**那**就是我們創造出自己的模樣，**那**就是我們生活在其中的社會。

在我看來，在我們開始尋找真理、尋找神，在我們能夠行動、和別人產生任何關係、也就是踏上社會的旅程前，要先開始了解自己。我認為誠實的人，就是**首先**完全關注在這一點上的人，而不是去關心如何達到一個特定的目標，因為若不了解自己，我們要如何在行動上把轉化帶進社會、關係以及我們所做的一切事情裡？而那顯然並不意味著自我認知是和關係相對、是與關係隔絕的，顯然沒有強調個人、自我和群眾、和其他人相對的意思。

在不了解你自己、不知道你自己思考的方式，以及你為什麼會想特定的事情、不知道你條件調配的背景、還有你為什麼會特別相信某種藝術和宗教的情況下，你要如何真正的思考任何事情？不了解你的背景，不了解你思想的本質以及它從何而來——你的追求當然是徒勞的，你的行動毫無意義，不是嗎？不管你是美國人或印度人，不管你的宗教是什麼也都沒有意義。

在我們能夠找出人生最終的意義，這一切——戰爭、國家對立、紛爭、所有的混亂——到底有什麼意義之前，我們都必須從自己先做起，不是嗎？聽起來如此簡單，其實是**極端**的困難，跟隨自己、看一個人的思想怎麼運作，必須非常的警覺，所以當一個人開始對本身的思考、反應和感情的糾結越來越警醒時，就開啟了更大的察覺，不只是對自己，而且是對與自己產生關係的其他人。困難在於我們都那麼沒耐性，我們想要過得好，想要達到一個結果，所以我們沒有時間、也沒有理由給自己一個機會去研究與觀察，取而代之的，是我們將自己投身於各式各樣的活動——賺錢維生，養育孩子——或者在不同團體中擔負起特定的責任。我們以各式各樣的方式獻身，以致幾乎沒有時間來自我反應、觀察和研究，所以說真的，反應的責任靠自己，而不是別人，舉世對於**精神導師**和他們制度的追求、讀這些那些最新的書籍等等，對我來說是如此全然的空洞、全然的徒勞，因為**你可能流浪過全世界，但還是得回到自己身上**，而在大部分人都完全不了解自己的情況下，要開始清楚的看到我們思考、感覺和行動的過程是極度困難的。

你越了解自己就越清澈，自覺是沒有終點的——你不會獲得一個結果，一個結論，那是一條沒有盡頭的河流，你越研究，也就越深入，然後找到祥和。只有當心靈澄澈——透過自覺而不是透過強迫性的自我戒律——只有在那種時候、在那種澄澈、在那種寂靜中，真實才可以進入生命裡。唯有在那時會有福佑，能有創造性的行動，而對我來說，沒有這種了解，沒有這個經驗，僅僅是讀書、談話、宣傳，是非常幼稚的——都只是些沒什麼意義的活動；然而，要是一個人能了解自己，並帶來創造性的快樂，經歷非心靈的東西，說不定在我們即時的關係上，以及在我們生活的世界裡就會出現轉化。

3 個人與社會 Individual and Society

我們大部分的人都面對了個人到底只是社會的工具、或是社會目的的問題，你和我是被社會和政府運用、指導、教育、控制、塑造成某一型態的個人，或者社會、國家是為個人存在的呢？個人是社會的終極目的，或者是受教育、開發的寵物，是被屠殺的戰爭工具？這是我們大部分的人所面對的問題。究竟個人是否為社會的工具、接受塑造的感化玩物，或者社會是為個人所存在的，這是世界共通的一個問題。

你要怎麼找出答案來？這是個嚴重的問題，是不是？如果個人只是社會的工具，那社會就比個人重要，如果真是這樣，那我們就必須放棄個人主義為社會工作，整個教育制度必須全面改革，個人變成被運用、摧毀、清理、擺脫的工具；但如果社會是為個人所存在，那社會的功能就不在於讓他服從任何模式，而是給他自由的感覺和主張，所以我們必須找出何者有誤。

你要如何探索這個問題，這是個非常重要的問題，對不對？並不仰賴左派或右派的任何意識形態，就算取決於一個意識形態，那也只是個意見。觀念總是生出敵意、不解和紛爭。如果你依賴一本或左派或右派或神聖的書，那你就只是取決於意見而已，無論這意見是佛陀、基督，還是資本主義、共產主義或任何你想要的東西，它們都只是觀念，而非真理。事實是無法否定的，**關於**事實的意見則是可以否定的，如果我們可以發現什麼是真理，就可以不靠意見來行動，因此，擺脫掉其他人說些什麼豈非必要的嗎？左派人士或其他領導人的意見是他們條件調配下的產物，所以要是你把發現寄託在書上找到的道理，那只不過被意見束縛住而已，無關乎知識。

一個人要如何發掘其中的真理？讓我們可依此來行動。想要找出其中的真理，必須從所有的宣傳中解脫出來，那樣才可以不靠意見來看問題，整個教育的任務就在於喚醒個人。要看清其中的真理，你必須非常聰明，也就是不能依靠一個領導人，因為**你在挑選領導人時，是出於困惑之心，所以你的領導人一定也困惑不解，這個世界就是這樣，所以你無法指望從你的領導人身上得到引導或幫助。**

一顆希望了解問題的心不只要全面、整體的了解問題，還必須迅速的追隨，因為問題從來就不是停滯不動的，無論是飢餓的問題、心理上的問題或任何問題，問題永遠都是新的，任何危機也永遠都是新的；所以要了解它，一顆心必須永遠保鮮、清楚並迅捷的追蹤。我想大部分的人都明白內在革命的迫切，光憑這一點就能為外在社會帶來徹底的轉化，這是我自己和所有立意認真的人所念茲在茲的問題，如何為社會帶來根本、徹底的轉化是我們的問題；而沒有內在的改革，就不可能發生外在的轉化。既然社會是固定不動的，任何缺乏這種內在改革所採取的行動和轉化就會同樣固定不動；所以，沒有這份持續的內在改革就沒有希望，因為沒有它，外在的行動會變得重複且慣性。你和其他人之間、你和我之間的關係行為形成社會；而社會將變得滯礙不動，只要沒有這種持續的內在改革，沒有一種創造性、心理上的轉化，就沒有賦予生命的特質；那是因為沒有這種持續的內在改革，社會就永遠都不動、僵化，永遠等著別人來打破。

你和你身上及週遭的悲慘、困惑的關係是什麼？這個困惑、悲慘當然不是自己浮現的，你和我將它製造了出來，不是資本家、共產黨員，也不是法西斯社會，而是你和我在我們和彼此的關係中創造出來的，你把內心擁有的發散出來、投射到這世界上來；**你的模樣、觀念、感覺以及你每天所做的一切，都往外投射，就是這些組成了這個世界。如果我們的內在是悲慘的、迷惑的、混亂的，那麼藉著投射，就成為這個**

世界，成為這個社會，因為你和我之間、我和其他人之間的關係就是社會——社會是我們關係的產物——而假如我們的關係是困惑、利己、狹窄、受限、國家主義的，就會投射出來，把混亂帶進世界裡來。

你是什麼，世界就是什麼，所以你的問題就成為世界的問題，這當然是個簡單及基本的事實，對不對？在我們和一個或許多人的關係中，我們似乎一直都忽略了這一點，我們想要透過系統或基於一個系統的觀念和價值改革帶來轉變，所以我們必須從近處著手，我們必須關注自己日常的生活，關注展現我們營生方式和我們與思想或信仰關係的觀念、情感和行動，這是我們日常的生活，是不是？我們關切營生、找到工作、賺錢；我們關切和我們家人或鄰居的關係，也關切想法和信仰，現在要是你檢視一下我們的職業，就會發現它基本上是建立在嫉妒上，並非只是營生的一個方式而已。社會如此的架構，而成了持續紛爭、持續演進的過程；建立在貪婪、嫉妒、對你上司的嫉妒上；職員想要成為經理，顯示出他不只關切營生、一種生活方式，而是關乎取得地位和名望。這個態度當然造成了社會和關係的浩劫，可是如果你和我只關心賺錢的方式，那麼就該找出賺錢的正確方法，一種並非基於嫉妒的方式。嫉妒是關係中最具破壞力的元素之一，因為嫉妒代表了對權力、地位的渴望，最後導致政治；兩者息息相關。當職員想要變成經理、變成創造權力政治，製造戰爭的一個因素時，他就得直接為戰爭負責了。

我們關係的基礎何在？你和我、和其他人之間的關係——也就是社會——建立在什麼基礎上？當然不是建立在愛上，儘管我們會這麼說，因為如果有愛，你我之間就會有秩序、有祥和、有快樂，但在你我的關係之間，分明有一堆裝模作樣的惡意在。要是我們在思想及情感上平等，就沒有敬意、也沒有惡意，因為我們只不過是兩個獨立個體的相會，不是學生與老師，也不是丈夫支配妻子或妻子支配丈夫。若存在惡意，就有會引發嫉妒、憤怒、激情的支配慾望，我們關係中的這些都會製造出持續的紛爭，逼得我們想要逃離，結果便製造出更多的混亂、更多的不幸。

現在說到我們日常生活、信仰、教條一部分的觀念，難道它們不再扭曲我們的心靈嗎？什麼叫做愚蠢？愚蠢就是賦予我內心所創造、手所製造的東西錯誤的價值，我們大部分的想法都是從自我保護的直覺中跳出來的，不是嗎？而我們的想法，噢，那麼多的想法，難道不都是接收了錯誤的意義，完全不在**真相**之中嗎？所以，當我們相信任何形式，不管是宗教、經濟或社會學的，當我們相信神、想法、把人與人隔開的社會制度、相信國家主義等等時，當然就賦予了信仰錯誤的意義，意味著愚蠢，因為信仰將人分隔開來，而不是結合在一起，我們也明白到透過生活的方式，可以創造秩序或混論、和平或紛爭、幸福或不幸。

所以，我們的問題就在於有沒有可能在一個停滯不前的社會裡，同時存有不斷進行內在改革的個人。也就是說，社會改革必須從個人內在、心理上的轉化做起，我們大多數人都想看到在社會結構中有一個徹底的轉化，那幾乎是世上整體的戰鬥——透過共產主義或其他方式帶來社會革命。現在只要有社會革命在，就有關乎人外在架構的行動在，而無論那社會革命有多基本，只要沒有個人的內在改革，沒有心理上的轉化，其最根本的本質還是停滯不動的，所以想要有個不重複、不停滯、不崩解的社會，一個持續活力充沛的社會，在個人的心理架構裡頭就必須有改革，因為**沒有內在、心理的改革，外在的轉變是沒有什麼意義的，所以社會才會因僵化而崩解，不管傳播的律法有多少、又有多明智，社會還是一直在腐敗當中，因為改革必須從內而不只是向外。**

我認為了解這一點很重要，而不是草率帶過，外在的行動在完成以後就結束了，是停滯的；如果個體之間的關係，也就是社會不是內在改革的結果，那麼停滯的社會結構就會吸收個人，並將其變得一樣沒有活力、在原地打轉。明瞭了這一點，明瞭了這項事實非比尋常的意義，可能就沒有同意或不同意的問題。社會恆常僵化並吸收個體是個事實，而持續、創造性的革命只在個人、不在社會、不在外在中，也就是說，創造性的革命只會發生在個人關係，也就是社會裡，我們看到印度、歐洲、美國及世界各地當今的社會結構是如何快速崩解的，我們知道那就發生在我們的生活當中，走上街就觀察得到，用不著偉大的歷史學家告知我們社會正在崩潰的事實；以及一定要有新的建築師、新的營造師來打造新社會，這個結構必須建築在新的基礎、新發現的事實和價值上，但這樣的建築師還不存在。沒有一個營造師，一個都沒有，觀察並且察覺到結構正在崩解，並把自己轉化成建築師，這是我們的問題，我們看到了社會陷落、分解，而要成為建築師的是我們，是你和我。你和我必須重新找到價值，建立在更基本、持久的基礎上；因為要是我們找職業建築師，社會和宗教的營造師，我們就會處在和過去完全一樣的位置上。

因為你和我並沒有創造性，我們將這社會後退至一片混亂，所以你和我必須有創造性，因為問題緊迫；你和我必須察覺到社會陷落的原因，並且根據我們自己創造性的理解，而不只是模仿來打造一個新結構，這透露出負面的思想，是不是？負面思想是最高形式的理解，為了要了解何謂創造性的思考，我們必須負面的接觸問題，因為正面接觸問題——你和我必須變得有創造性，以便打造新的社會結構——會變成模仿，要了解正在崩解中的，我們必須負面的調查、檢驗——不是以正面的制度、正面的公式、正面的結論。

為什麼社會一定會崩解、陷落？基本的原因之一是個人，你和我不再有創造性，我會解釋我的意思。你和我變得模仿，我們無論外在或內在都在複製。要成為工程師，首先必須有技術，然後運用技術來造橋，在外在的技術上，必須要有一定量的模仿和複製，可是往內時，心理的模仿當然會讓我們不再具備創造性。我們的教育、社會結構、我們所謂的宗教生活全都基於模仿，也就是我吻合特定的社會或宗教公式；心理上，我不再是個真正的個體，我變成了一台只會模仿的機器，擁有特定的條件反應，不管是印度教徒、基督徒、佛教徒，是德國人或英國人。我們的反應是依照社會模式來調整的，無論是東方或西方、宗教或唯物論的，所以**社會崩解的基本因素之一，就是模仿，而分解的元素之一就是領袖，其相當的本質就是模仿。**

為了了解社會崩解的特性，追究個體是否具備創造性難道不重要嗎？我們可以看出**哪裡有模仿，哪裡就有崩解；何時有權威，何時就有複製，而既然我們整個心靈、心理上的組合都是基於權威，那就一定要脫離權威，要有創造性。**你可曾注意到在創造性的時刻中，在那些真正快樂的核心趣味時刻中，從來不見重複感和複製感？這樣的時刻始終是新的、新鮮的、創造性的、快樂的，所以我們看清了社會崩解的基本原因之一，就是崇拜權威。

4 自覺 Self-knowledge

世界的問題很大、很複雜，要了解及解決，人必須用非常簡單和直接的方式接近它們；而且單純、直接，不靠外在的環境，或靠我們特定的偏見和情緒，如同我所指出的，不是透過會議、藍圖或以新領導者替換舊領導者等等來找到解決之道，解決之道顯然就在問題製造者、不幸製造者身上，在人與人之間的仇恨和大量的誤解中，這種不幸、這些問題的製造者是個人、是你和我，不是我們所以為的世界，世界即你和他人的關係，世界不是與你我分離的東西；世界、社會，均是我們在彼此之間建立起來或者尋求建立的關係。

所以你和我才是問題，而不是這個世界，因為**世界是我們自己的投射，想要了解世界，我們必須先了解自己。世界並沒有與我們分離；我們就是世界，我們的問題就是世界的問題。**這事不能太常重複，因為我們的心態那麼懶散，認為世界的問題不關我們的事，應該由聯合國或以新領袖取代舊領袖來解決，抱持這種想法的心態真是遲鈍怠惰，因為我們本來就該為這世上恐怖的悲慘與困惑、這不斷逼近的戰爭負責。要轉化這個世界，必須從我們開始；而從我們自己開始最重要的就是意圖，意圖必須是了解自己，不把這問題丟給別人去轉化，或者透過無論是左派或右派的革命，帶來修正後的轉變。責任是你的和我的，明白這一點很重要；因為不管我們居住的世界有多小，如果我們可以轉化自己，把一個重大改變帶入日常生活中，或許我們就能大規模的影響這個世界，影響與他人間廣闊的關係。

如同我先前所說的，我們要試著找出了解自己的過程，那可不是個遺世獨立的過程，不是從這世界抽離，因為你沒有辦法活在孤立中，缺乏正確的關係會帶來糾紛、不幸和爭吵；不管我們的世界有多小，如果可以改變我們在這狹小世界中的關係，就會像是不斷向外擴張的漣漪，我覺得認清這一點、認清不論多麼狹小，這世界就是我們的關係組成十分重要，而如果我們能夠帶來轉化，不是膚淺的、而是根本的轉化，就可以開始主動的改變世界，真正的革命並非根據任何或左或右的既定模式，而是一個價值的改革，從感官價值到非感官，或不受環境影響所創造出來的價值的改革，想要發掘這些帶來根本的改革、轉化或再生的真正價值。了解自己是基本的，自覺是智慧的開端，也是轉化和重生的開端，想要了解自己，必須有弄清楚的動機——而那也正是困難進駐的時刻，儘管我們大部分的人都不滿足，想要有立即的改變，可是我們的不滿足僅僅導向得到某種特定結果的方向而已；稍不如意，我們要不另找工作，要不屈服於環境，不滿之心一旦宣洩出來，非但沒有啟動我們，反而會讓我們質疑起生命，質疑起整個生存的過程，於是我們甘於淪落，失去了找出完整生存意義的動力和專注，所以必須由我們自己，而不是透過任何書來發現這些事是很重要的。我們一定要找出來，而為了找出來，一定要有意圖、搜尋和探索，要是找出來的意圖和深入探索的心意薄弱，或者完全不存在，那麼光靠想要發現自我的聲明或悠閒的期盼是沒什麼意義的。

世界的轉化是藉著個人的轉化而來，因為個人是所有人類生存過程的產物及一部分，但個人若要轉化，自覺是必需的；不了解自己，就沒有正確思考的基礎，不了解自己，就不可能有所轉化。一個人必須知道自己的原貌，而不是自己期望變成的樣子，那只是個理想，是假的、不真實的；只有原貌才能轉化。要了解自己的原貌，一個人必須有特別警醒之心，因為**真相**總是不停的經歷轉化、改變，並迅速依循心思，不該繫於任何特定的教義、信仰或行動模式。想要認識你自己，心中必須要有不受任何信仰和理想束縛的自覺和警醒，因為信仰和理想只會賦予你色彩，脫離真正的知覺。如果想要知道你自己是什麼，就不能去想像或相信你所不是的東西。如果我是貪婪、嫉妒或暴力的，那麼僅僅擁有無暴力、無貪婪的理想就沒多大意義，但若能知道一個人是貪婪或暴力，並進一步了解，就需要非比尋常的感受力了，難道不是嗎？要求思想的誠實與澄澈，猶如追求一個遠離**真相**的理想，就是一種逃避，那會阻止你發現並依照你原來的樣子行事。

了解你是什麼，不管那是什麼——醜陋或美麗、邪惡或惡意的——了解你是什麼，不要曲解，乃是德行之始。德行是基本的，因為它給予自由，唯有在德行之中，你可以發現、可以生活，但這不是居於一種德行的**培養**，那只會帶來敬意，不會帶來了解和自由。**德行和變得有德行兩者之間是有差別的，德行來自於了解真相，而變得有德行是種延緩的後置，是用你希望的模樣遮掩了你的原貌，所以在變得有德行的過程中，你是在迴避直接緣於真相的行動，**這種透過培養理想來迴避**真相**的過程被視為一種善行；可是如果你仔細且直接的正視，就會發現根本不是那麼回事，只是延後與**真相**正面相對而已；德行不在於變得與原貌不同，德行是了解了**真相**，然後從中解脫，在一個迅速崩解的社會，德行是很重要的。為了創造出一個新世界，一個迥異於舊的新架構，必須有發現的自由；而想要自由，必須有德行，因為若沒有德行，就沒有自由，但一個品行不好的人，他若努力想要變得有德行，卻也並不因此就了解德行是什麼。沒有道德的人永遠無法自由，所以也永遠找不到真相，真相只有在了解**真相**中才找得到；而要了解**真相**，得有自由，免於對**真相**恐懼的自由。

要了解過程，得有知道**真相**的意願，追隨每一個想法、每一個行動；而要了解**真相**極困難，因為**真相**永遠不定、永遠不會停滯、永遠都在活動當中，**真相**是你本來的樣子，而不是你想要的樣子；不是理想，因為理想是虛構的，但你時時刻刻在做、在想、在感覺的，卻是真實的。**真相**是確實的，而要了解確實的事物需要認知，要非常警醒、快速活動的心靈。可是如果我們開始責難**真相**，要是我們開始責備或者抵抗它，那我們就不會了解它的活動，要是我想了解某個人，我就不能非難他：我必須觀察、研究他，我必愛我正在研究的那樣東西。如果你想要了解一個孩子，你必須愛他，而不是非難他，你必須和他玩，看著他的一舉一動、他的人格特質、他的行為方式；可是如果你非難、抗拒或者怪罪他，就無法了解孩子了。相同的，要了解**真相**，一個人必須時時刻刻觀察所思、所感和所做，這就是確實之事，其他的行動、理想或者觀念性的行動都不是真實的；只不過是個希望，一個想成為**真相**之外東西的虛構渴望。

了解**真相**，需要一個沒有認同或責難的心態，這種心態意味著心靈是警醒而被動的。在我們真確想要了解某些事時，當我們專注於興趣之所在時，我們的心靈狀態也必趨之，無須強迫、規範或控制；反之，則否。

一個人的基本了解並非透過知識或經驗累積而來，那只不過是記憶的培養而已，自我的了解是時時刻刻都在進行的；要是我們只累積自我的知識，那些知識會阻撓進一步的了解，因為累積的知識和經驗會成為中心，透過這個中心，思想會聚焦且有自己的生命，世界並不會自外於我們及我們的活動，因為正是我們的特性製造了這世界的問題；大部分人面臨的困難是不願直接去認識自己，反而尋求系統、方法、運作的方式，透過它們來解決許多人類的問題。

世上有了解自己的方法和制度嗎？任何聰明人、任何哲學家都可以創造出一套系統、一個方法來；但是，跟隨制度就一定只會製造出制度所創造出來的結果，不是嗎？如果我依照一個特定的方法來做自我了解，那麼我也只會得到制度所必然的結果；但此結果顯然不是自我的了解，它乃是依循一個方法、制度所了解的自我，我所形塑的思想、活動都只是依循一種模式，而非真正的自我了解。

所以自覺是沒有方法的，若欲尋求方法，必隱含想要獲得某種結果的渴望——而那正是我們都想要的。我們跟著權威——要不是人，就是一個制度或一個觀念——因為我們想要一個能夠帶來滿足、帶來安全感的結果，我們其實並不想了解自己、不想了解我們的衝動和反應、不想了解我們有意識和無意識的整個思想過程；寧可追求一套保證會給我們結果的制度。但追求制度迴避不了我們想要安全、確定的結果，而那種結果顯然不是自覺，當我們追尋一個方法時，我們必須有個權威——老師、**精神導師**、救世主、大師——他們會確保我們想要的；而這當然也不是自覺之道。

權威有礙了解自我，不是嗎？在一個權威、一個指導的庇護下，你可能會得到暫時的安全感、幸福的感覺，但那並非對自己整個過程的了解，權威的自身具有阻礙充分自覺的天性，最終並摧毀了自由；自由本身唯有創造性而已，唯有透過自覺才能有所創造，我們大部分人是沒有創造力的；我們只是重複的機器，只是一次又一次的播放不論是我們自己或他人的特定經驗、結論和記憶之歌，這樣的重複不是創造狀態，而只是我們想要的東西。因為我們想要內在的安全，我們不斷的尋求這種安全的方式和辦法；於是創造出權威、崇拜別人，摧毀了理解，唯有在心靈的自發性寧靜中，才能有所創造。

我們大部分人的困難當然都出在我們失去了這份創造力，創造力並不表現在畫圖或寫詩，然後成名，那不是創造力，那只是表達一個想法的能力而已，大眾或許給予讚美，或許予以忽略。能力和創造力不應混為一談，能力不是創造力，創造力是非常不同的一種狀態，那是一種身在裡頭時會忘我的狀態，在裡頭，心不再是我們的經驗、野心、追求和慾望的焦點，創造力不是一種持續的狀態，而是時時刻刻都在更新，是一種非「我」、非「我的」，在其中思想不會聚焦在任何獨特的經驗、野心、收穫、目的和動機上，唯有自我不再時，才會有創造力——那種狀態才可能出現真實、出現萬物的創造者，但是這種狀態無法構思或者想像，無法公式化或者複製，無法透過任何制度、透過任何哲學、透過任何戒律取得，相反的，只有透過全然自覺的過程，才可能出現。

了解一個人並非結果、也不是終極，而是在個人與財富萬物、人及其念頭的關係之鏡中，時時刻刻的正視自己。可是我們發現要警醒、要察覺是困難的，我們寧可遵循方法、接受權威、迷信和滿足人的理論，來遲鈍自己的心靈；我們的心因而變得疲憊、筋疲力盡和不敏感，這樣的心無法處於有創造力的狀態，有創造力的狀態只在自我、也就是在認知和累積過程停止時才會出現；畢竟意識如同認知中心的「我」，而認知只不過是經驗累積的過程。但是我們都害怕自己什麼都不是，因為我們都想成為什麼，小人物想成為大人物，沒有品德的人想變得有品德，軟弱和微賤者渴望力量、地位和權威，這是不中斷的心靈活動，這樣的心靈無法安靜，因此也就永遠無法了解有創造力的狀態。

為了轉化我們週遭的世界，連同其不幸、戰爭、失業、飢餓、階級分別和徹底的混亂，我們本身得先脫胎換骨，改革必須從自身開始——但不是根據任何信仰或觀念，因為基於觀念或遵奉特定模式的改革，顯然並非改革。為了讓一個人徹底的脫胎換骨，**一個人必須了解自己在關係當中整個思想和情感的過程，這是解決我們所有問題唯一的辦法——不是擁有更多的戒律、更多的信仰、更多的觀念以及更多的老師。如果我們可以一如往昔，時時刻刻的了解，拋卻累積的過程，那就可以看到寧靜如何浮現，看到那並非心靈產品，既非想像也非耕耘的寧靜；也唯有在那樣的寧靜狀態中，才會有創造力。**

5 行動與觀念 Action and Idea

我願意討論行動這個問題，一開始可能相當深奧和困難，不過我希望藉著思考，我們可以看清楚這個議題，因為**我們所有的存在，我們整個生命都是行動的過程。**

我們大部分的人生活在一連串的行動中，這一連串看似沒有關聯、沒有結合的行動，導致崩潰和挫折。這是關乎每一個人的問題，因為我們藉著行動而活，沒有行動，就沒有生活、沒有經驗、沒有思考。想法就是行動；而光是在一個特定的意識階層、也就是外在進行行動，不了解行動本身整個過程的話，將無可避免的把我們導引至挫敗與悲慘。

我們的生命可說是一連串的行動，或說是一個分佈於各個不同意識階層的行動過程，意識是經歷、命名和記錄，也就是說，意識是挑戰和回應，先經歷、然後賦予名稱或取上名字，接著記錄下來，形成了記憶。這樣的過程就是行動，不是嗎？

意識是行動；而沒有挑戰、回應，沒有經歷、沒有取名或賦予名稱，沒有形成記憶的記錄，就沒有行動。

行動創造出行動者，在行動有所結果時，就會出現行動者，要是行動沒有結果，就沒有行動者；可是如果有個終結或預期中的結果，行動就會帶來行動者。那樣，行動者、行動和終結或結果就是個完整的過程、一個單一的過程，會在行動有個預期結果時呈現出來。行動獲致結果是意志；否則就沒有意志了，是不是？想要達到一個目標的渴望帶來意志，那就是行動者想要獲得，想要寫一本書，要成為一個有錢人，想要畫一幅畫。

我們熟悉這三個狀態：行動者、行動和結果，那就是我們的日常生活。我只是把**真相**解釋出來而已；但只有在我們仔細的檢視它時，才會開始了解如何轉化**它**，所以在談及它時就沒有幻象、沒有偏見、也沒有成見。現在有構成經驗的這三個狀態——行動者、行動和結果——當然就形成了演進的過程，否則就沒有演進了，是不是？要是沒有行動者，要是沒有朝一個結果邁進的行動，就沒有演進了；但我們所知的生活，我們的日常生活，根本就是一段演進的過程，我很窮，所以懷抱將來變得有錢的遠景行動，我很醜，我想變得漂亮，因此我的生命就成了變為其他東西的過程。想要在不同的意識階層、不同的狀態裡成為什麼，就是想要轉變，在其中挑戰、回應、命名和記錄，這轉變就是紛爭、這進化就是痛苦，不是嗎？這是段持續的掙扎：我是這個，但我想成為那個。

所以，問題就是：沒有這轉變就不成行動嗎？沒有這種痛苦、沒有這種持續的戰鬥就不成行動嗎？要是沒有結果，就沒有行動者，因為具備目標的行動才會創造出行動者來。不過有可能不具預期目標的行動，因此也就沒有行動者的嗎？也就是說，這個行動者並不想要有個結果。這樣的行動並非演進，自然也就沒有戰鬥，會出現一個行動狀態、一個沒有經驗者和經驗的經驗狀態。這聽起來相當哲學化，其實很簡單。

在經驗的時刻，你察覺不到自己是經驗以外的經驗者，因為你就在經驗的狀態中。舉個非常簡單的例子：你在生氣，在生氣的當口是沒有經驗者和經驗的；僅僅是經驗。但是一旦你從中出來，一到那經驗的下一瞬間，就有了經驗者和經驗，有了行動者與具預期目標的行動——亦即要擺脫或者壓抑怒氣的行動，我們一直在這重複的狀態裡、在經驗的狀態中；但我們總是會從中跳出來，然後給它一個名詞、命名及記錄，繼續向前推進。

要是我們能夠了解行動這文字的基本意義，這基本的了解就會影響到我們的膚淺的活動；但首先我們必須了解行動的基本特性，行動是想法所引發的嗎？你是先有想法，再付諸行動嗎？或者先有行動，然後因為行動製造了紛爭，你才在其周圍建立起想法？是行動創造了行動者，或是先有行動者？

發現何者為先很重要，如果先有想法，那行動就只是一個觀念的附庸，就不再是行動了，只是不得不因應觀念而生的模仿，了解這一點很重要；因為我們的社會大部分架構於智能及言辭的層級，都是先有想法，而後行動隨之，行動於是成為想法的附庸，而光是想法的架構會危害到行動。想法會延伸進一步的想法，一旦僅有想法的延伸，就會產生敵意，社會會因為觀念的智力過程而變得頭重腳輕，我們的社會架構是非常智識性的；我們不惜耗費人生其他元素來培養智能，結果卻被觀念給窒息。

觀念能製造出行動，或觀念只是塑造出思想，然後限制了行動呢？當行動受觀念驅使，行動就永遠解放不了一個人，了解這一點對我們來說非常重要，要是一個觀念塑造了行動，那行動就永遠無法為我們的不幸帶來解決的辦法，因此在它可以被付諸行動前，我們必須先弄清楚思想是怎麼產生的。觀念及觀念形成的探索，不論其為社會主義者、資本主義者、共產主義者，或是各式各樣宗教，都是最重要的，尤其是當我們的社會正瀕臨危機，正在邀約另一次大災難之際，那些非常認真想要找出許多人類解決問題之道的人，首先該了解的，就是這觀念化的過程。

我們所謂的觀念是什麼？觀念是怎麼產生的？觀念與行動可以一起產生嗎？假如我有一個觀念想要實現出來，我就會去找個辦法，然後縝密的思考，把時間和精力花在爭論應該要怎麼實現那個觀念上。所以，搞清楚觀念是怎麼來的非常重要，發掘出其中的真相後，我們就可以討論行動的問題，沒有討論想法，光發掘如何行動是沒有意義的。

好，現在來想想你是怎麼得到一個觀念的——一個非常簡單的觀念，不需要哲學、宗教或經濟？很顯然它就是一種思考的過程，不是嗎？觀念是一個思考過程的結果，沒有思考過程，就沒有觀念，所以在我能夠了解其產物，也就是之前，我必須先了解思考過程本身，我們所謂的思考又是什麼？你什麼時候會思考？思考顯然是一個反應，無論是神經性或心理上的結果，不是嗎？那是對一種感覺的立即反應，或者在心理上的，是儲存記憶的反應。有對一種感覺的立即神經反應，也有對儲存記憶的心理反應，受種族、**精神導師**、家庭、傳統等等的影響——這種種你都稱為思想，所以思考的過程是記憶的反應，不是嗎？如果你沒有記憶，就沒有思想；而對於特定經驗的記憶反應會啟動思考過程。比如說，我有國家主義的儲存記憶，我稱自己為印度教徒，對過去的反應、行動、涵義、傳統和習俗，對於伊斯蘭教徒、佛教徒或基督徒挑戰的回應的記憶庫，以及挑戰的記憶回應，均無可避免的會帶來思考過程，看著在你身上運作的思考過程，你可以直接測試這件事的事實。你被某人羞辱，那經歷留在你的記憶裡；形成背景的一部分，當你再碰到那個人，也就是面臨挑戰時，反應就會是上次羞辱的記憶，所以記憶的反應，也就是思想過程創造了一個想法；因此觀念永遠是依條件調整的——了解這一點很重要，也就是說，觀念是思想過程的結果，思想過程是記憶反應，而記憶永遠是依條件調整的。記憶永遠在過去，而那記憶藉著挑戰在當前又活了過來，記憶本身是沒有生命的，是在與挑戰面對面時才活絡起來的，而所有的記憶，無論是冬眠或活動著的，都是依條件調整的，不是嗎？

所以必須有非常不同的手法，你必須搞清楚，在內心裡你是在實現一個觀念，或有可能從事不具任何觀念的行動，讓我們發掘出：沒有根據觀念而付諸行動的到底是什麼？

你什麼時候會不帶有觀念的行動？什麼時候會出現並非經驗結果的行動？如我們之前說過的，一個根據經驗所做的行動會有所限制，進而變成一種阻礙，並非源自於觀念的行動是自發性的，而基於經驗的思想過程則非控制行動；意味著當心靈不控制行動時，就有獨立於經驗外的行動，領會只會在一種狀態下出現：當基於經驗的心靈不引導行動時：當基於經驗的想法不塑造行動時，沒有思想過程時，行動是什麼？沒有思想過程，可能有行動嗎？也就是說，我想建一座橋、蓋一棟房子，我懂得技術，而技術告訴我要怎麼建造，我們稱那為行動，有寫詩、繪畫、政府責任、社會、環境反應的行動，全部都基於一個想法或者先前的經驗，塑造了行動，但是沒有觀念時，還會有行動嗎？

在想法終止時，當然會有這樣的行動，而想法只有在愛出現時會終止。愛不是記憶，愛不是經驗，愛不是想著愛人，那樣只是想念而已，你不能**想著**愛，你只能想著你所愛或所奉獻的人——你的**精神導師**、你的偶像、你的妻子、你的丈夫；但是，觀念、符號都不是愛的實像，所以愛並非經驗。

有愛就有行動，對不對？那個行動不是種解放嗎？不是心理狀態的結果，在愛和行動之間，沒有如同想法和行動之間的鴻溝，想法永遠是舊的，會把它的陰影投在現在，而我們一直努力在行動與想法之間建立橋樑，有愛的時候——不是心理狀態、不是觀念、不是記憶、不是一個經驗或者實行戒律的結果——那愛就是行動，那是唯一自由之物，只要有心理狀態，只要有以念頭塑造行動的經驗，就不可能有解脫；而只要那過程繼續，所有的行動就會受到限制。當我們明白這真理，不是心理狀態，非你所能想的愛的本質就會出現。

一個人必須察覺這整個過程，察覺觀念從何而來，行動如何從觀念而來，以及觀念如何控制行動，然後依靠感覺限制行動，是**誰的**感覺並不重要，也無論來自左派或極右派，只要我們攀附著念頭，我們都在一個完全無法經歷的狀態中，然後我們就只是住在一個時間的領域裡——在給予更進一步感覺的過去，或者在另一種感覺的未來裡，只有在心脫離觀念時，才能夠去經歷。

觀念不是真理；真理是某種必須時時刻刻直接經歷的東西，那不是你想要的經驗——只是感覺而已。當一個人可以超越大把觀念——也就是「我」，就是心靈，有部分或完整的持續時——唯有當一個人可以超越那個，當思緒完全寂靜時，才有經歷的狀態，然後人才會知道什麼是真理。

6 信仰 Belief

信仰和知識都跟慾望密切相關；而或許我們弄清楚了這兩個議題，就可以了解慾望的運作及其複雜性。

在我看來，我們最急著接受且視為理所當然的事情之一，就是信仰的問題，我不是在攻擊信仰，我們努力的目標是找出為什麼要接受信仰；而要是我們搞得清楚動機、接受的理由，或許我們就不只能夠理解為什麼會這麼做，也可以從中解脫。一個人可以看出政治和宗教信仰、國家和其他各式各樣的信念是如何分化大家、製造紛爭、困惑和對立——這是個明顯的事實；而我們卻還不願意放棄它們。世上有印度教信仰、基督教信仰和佛教——難以數計的教派和國家信念、各式各樣的政治意識形態，全部都互相鬥爭，企圖替代彼此。一個人可以很明顯的看出信仰會分化人、製造偏狹；所以我們有可能沒信仰的活著嗎？這個答案只能從研究人與信念的關係中去發現。有可能沒信仰的活在這世界上嗎？——不改變信念、不用一個信仰代替另外一個，而是完全不信所有的信仰，以至於能夠每分鐘重新面對生命？這終究才是**真理：有能力時時刻刻重新面對萬事萬物，沒有過往的調適反應，也就沒有會成為一個人與真相間阻礙的累積影響**。

如果你想一想，你會發現想要接受信仰的理由之一是恐懼，如果沒有信仰，我們會怎麼樣？我們不是很緊張會發生什麼事嗎？如果我們沒有行動模式，沒有信仰基礎——信仰神、共產主義、社會主義、帝國主義、某種宗教的處方、某種我們所調整配合的教義——我們不就會有種徹底的迷失感？這不就是接受信仰，以求免於恐懼——怕變得什麼都不是、怕變得空虛的恐懼嗎？畢竟一個杯子只有在空的時候才有用處；一顆充滿信仰、教義、主張、引經據典的心，其實是顆沒有創造力的心；只是顆不斷重複的心而已。想要逃避恐懼——空虛的恐懼、孤獨的恐懼、停滯不前、到不了、成功不了、達不到、不是什麼、變不成什麼的恐懼——當然是理由之一。為什麼我們會如此急切及貪婪的接受信仰呢？而就算接受了信仰，我們了解自己嗎？相反的，無論是宗教或政治的信仰顯然都阻礙了我們對自己的了解，那就像是透過一個簾幕在看我們自己，我們是否能夠在沒有信仰的情況下來看自己呢？要是我們移除掉這些信仰，移除掉一個人擁有的許多信仰，那麼還剩餘多少東西可看呢？如果我們沒有心可認同的信仰，那麼沒了認證的心就能關照它自身的原貌——之後理所當然的，就開啟了了解自己的序幕。

信仰和知識的這個問題非常有趣，在我們人生中扮演了非比尋常的一部分啊！我們有多麼多的信仰啊！如果大家能容我這麼說，那我要說一個人越知性、越文明、越精神化，他就越缺乏理解的能力，即便在現代社會裡，野蠻人依然有著無數的迷信，思索得越多，覺醒得越多，警醒得越多，說不定相信就越少。這是因為信仰會束縛、信仰會孤立，而我們是如此徹底的在環顧世界：經濟和政治的世界，以及所謂的精神世界。你相信有神，而我或許根本就不相信有神；或者你相信把所有的事情和所有的人都一把抓的狀態，而我則相信私人企業及其制度；你相信世上只有一個救世主，透過祂你可以達到目標，而我則不信這一套。於是**你以你的信仰，我用我堅持的己見，彼此卻都在講愛、講和平、講人類的一體、講大我的生命——毫無意義；因為實際上這個信仰就是孤立的過程。**你是佛教徒，我是非佛教徒；你是基督徒，我是伊斯蘭教徒等等。你談同胞情誼，我也談一樣的同胞情誼、愛與祥和；可是實際上我們是分隔的，我們分開了彼此。一個想要祥和、想要創造新世界、想活在快樂世界的人，當然不能透過任何形式的信仰把自己孤立起來。

我們看出，一旦有慾望過程，就有透過信仰而產生的孤立過程，因為很顯然的你是為了確保經濟上、精神上還有內在的安全而信仰。我說的不是為經濟理由而信仰的人，因為他們是被「人得依賴工作」這個想法養大的，所以只要有工作，就願意成為天主教徒、印度教徒——哪一派教徒並不重要。我們也不是在討論那些因為便利而去攀附宗教的人，說不定我們大部分的人都一樣，為了方便而去相信特定的事情。把這些經濟的理由撇到一旁去，我們必須更加深入一點，就以那些強烈相信經濟、社會或精神上的一切的人來說吧；隱藏在背後的過程，其實就是想要獲得安全的心理渴望。接下來，慾望還會繼續下去。我們這裡不是在討論有沒有後續；只是在討論那份迫切、那份想要信仰的持續性衝動。一個真正祥和、真正了解整個人類生活歷程的人，是不會受信仰綑綁的。他把對工作的渴望視為安全的一種方法。請不要因此把我推向另一個極端，說我是在傳播「非宗教」，這絕非我的論點，我的意思是只要我們不能了解在信仰形式中那種渴望的過程，我們每天就一定會看到爭論、紛爭、悲傷，以及人與人間的對抗。所以，要是我認知、察覺這以信仰形式所呈現的過程，是渴望內在安全的一種表現，那我的問題就不在於是要相信這個或那個，而是我應該從自己對安全的渴望中解放出來。心靈可以從對自由的渴望中解脫嗎？這才是問題之所在，而不是要去相信什麼，以及相信多少。世上一切都如此不確定之際，這些都只是在表達其內在渴望安全的心理，以及想要對某些事情有所肯定。

是否有一顆心靈、一顆自覺的心靈、一種個性能夠擺脫對安全的渴望？我們想要安全，所以需要地產、財富和家庭的幫助，我們想要藉著樹立安全之牆來得到內在及精神上的安全，正象徵了我們對安定的渴望，你可以從渴望安全的衝動中脫離出來，成為一個獨立的個體嗎？它表達了自身對信仰的渴望。要是我們沒有辦法自外於這一切，我們自己就會成為爭端，無法成為和平製造者；我們的心中無愛，信仰在搞破壞；這些皆已成為我們日常的生活。當我陷在這壓抑自己去攀附信仰的渴望過程當中，我可還看得到自己？心靈可否擺脫信仰——不是找一個新的東西來代替，而是完全的擺脫掉？你無法在口頭上回答「可」或「否」；但如果你的意圖是擺脫信仰，就一定能夠給個答案，接下來你便無可避免的去尋求方法，把自己從對安全的渴望中解脫出來。顯然的，內在安全並不會如你想像的那樣一直持續下去，你當然樂於相信世上真有個會仔細照顧你一切瑣事的神，告訴你該去見什麼人，該做什麼事，以及你該如何做這些事，這是稚氣且不成熟的想法，你認為偉大的天父一直在看著我們每一個人，可那只是你自己個人喜好的投射，顯然不是真的，真理必是完全不同的東西。

我們下一個問題是知識，知識對於了解真理是必要的嗎？當我說：「我知道。」就意味裡頭有知識了，這樣的心靈有能力探索和尋求什麼是真相嗎？況且，我們知道些什麼，在驕傲什麼？我們到底知道什麼？我們知道資訊；我們有一堆根據我們的調適、我們的記憶和我們的能力所形成的資訊，當你說：「我知道。」是什麼意思？要不是承認你所知道的是確認的事實，或者是一定的資訊，不然就是你有過的一項經驗。資訊不斷累積，各式各樣知識的取得，全部組合成「我知道」這樣的斷言，然後你開始根據你的背景、渴望、經驗來演繹你所讀到的，你求得知識的過程就類似於進行中的渴望過程，我們其實是在用知識取代信仰。「我知道。我有經驗，那是不能被駁倒的；我的經驗就是那樣，那是我全然的信任。」這些就是知識的象徵，但是當你到幕後去分析它，更加理智、仔細的看著它時，你就會發現那個「我知道」的斷然之詞，正是另一道隔開了你我的城牆，你在牆後找到了避難所，得到安慰和安全，因此心靈的負擔越重，了解的能力就越少。

我不知道你是否想過這個求知的問題——不論知識最終能否幫助我們去愛、脫離那些在我們身上和我們與鄰居之間製造紛爭的特質；不論知識有沒有讓心靈擺脫掉野心，因為野心畢竟是摧毀關係，讓人與人之間對抗的特質之一，如果我們想要和別人和平相處，野心一定要終止——不只是政治的、經濟的或社會的野心，還有更詭譎、邪惡的野心，也就是想要**成為**什麼的精神上的野心。心靈有可能脫離這種累積知識以及渴望知道的過程嗎？

查看知識與信仰如何在我們的生命裡扮演有力角色是相當有趣的，看看我們多麼崇拜那些擁有無限知識和學識的人！你了解其中的意義嗎？若說你會找到某些新的東西、經歷某些並非出自你想像的投射之物，你的心就必須是自由的。必須有能力看到某些新東西，不幸的是，每回看到新東西，你就會把所有已知的資訊、知識，以及過去的記憶又帶進來，使你沒有能力看、沒有能力接受任何新的、不是舊的東西。請不要立刻將這演繹至細節，要是我不知道如何回家，我就是迷路；要是我不知道如何用一台機器，我就是沒什麼用處，這是完全不同的兩回事，我們在討論的是知識被當成安全、心理和內在渴望的一種方法來用。你從知識中得到什麼？知識的權威、知識的重量、重要感、尊嚴、生命感等種種？一個說「我知道」、「有」

或「沒有」的人當然已經停止思考，停止追求這整個渴望的過程。

如我所見，我們的問題就在於被信仰與知識所束縛、往下扯；我們的心有可能從昨天、從透過昨天的歷程所得的信仰中掙脫出來嗎？你我有可能做為一個獨立個體生活在這社會上，並且脫離我們所帶來的信仰嗎？心靈有可能脫離所有的知識、所有的權威嗎？我們讀各式各樣的神聖、宗教的書籍，它們非常仔細的形容要做什麼、不做什麼、如何達到一個目標、目標是什麼，以及神是什麼。你打從心眼底知道這一切，同時努力追求，顯然你所追求和尋找的，你都會找到，但那是真相嗎？那不是你自己知識的投射嗎？那不是真相。難道有可能在**當下**了解——不是明天，而是現在——並且說：「我看到了其中的真理」嗎？然後放手讓它走，以便你的心不會在這想像、投射的過程中殘廢嗎？

心靈有能力從信仰中解脫嗎？唯有在了解讓你緊巴住它不放的原因之內在特性時，你才可能從中解脫，讓你相信的不只是意識，還有無意識的動機，畢竟，我們並非僅在意識層級上運作的膚淺個體，如果肯給無意識心靈一個機會，我們就會發現更深的意識和無意識活動，因為它在反應上一定比意識心靈要快，當你的意識心靈靜靜的思考、傾聽和觀察時，無意識心靈就要活潑得多、警醒得多、感受力也強得多；我們即可獲得答案。被征服、威嚇、強迫、驅使相信的心，有可能自由的思考嗎？它有可能看起來更新，並且抽離你和他人的隔絕過程嗎？請不要說信仰會把人兜攏在一起，不會的，沒有一個組織化的宗教曾經完成過那樣的事，請回想，你在自己國家中的情形，你們全都是信徒，但你們可曾在一起？你們團結嗎？你們知道並沒有，你們反而分成許多小團體、階級；你們清楚那無數的區分，這過程舉世皆然——無論東方或西方——基督徒毀滅基督徒，為了微小瑣碎的事情互相殘殺，把人趕進俘虜營，以及戰爭的全面恐怖。所以信仰不會團結人，是多麼的清楚。如果你看到這件事既清楚也真實，就應該依循，但困難在於我們大部分的人都沒看到，因為我們無法面對內在的不安全感，無法面對內在的孤單感，我們老是想要依靠某樣東西，無論是國家、階級、國家主義、大師、救世主或其他任何東西。而若我們看出這一切的錯誤，我們的心就有可能看到其中的真理，也許只是短暫的剎那。但即便只是看到那一剎那，也就夠了；因為你會看到一件非比尋常之事，即便意識可能排拒，無意識也已在運作，那不是行進的一秒，可是那一秒卻是唯一的，就算意識心靈是如何的抗拒它，仍會有其結果。

所以我們的問題是：「心靈可能從知識和信仰當中解脫出來嗎？」難道心不是

由知識和信仰組合而成的嗎？心靈的結構不就是信仰和知識嗎？信仰和知識是認知的過程，是心靈的中心，過程是封閉的，是有意識也是無意識的，這樣的心可以掙脫其自我的結構嗎？可以終止下來嗎？那正是問題所在，如同我們所知道的，心靈的背後有信仰、有渴望、有想要安全、知識和累積力量的急迫感，如果一個人擁有了這一切的力量和優勢，還是沒有辦法自我思考，世上就沒有和平了。你可以談論和平，組織政黨，爬上屋頂尖叫；可是你就是無法擁有和平，因為在內心最基礎之處，還是會產生對立，會隔絕與孤立。**一個和平之人、一個誠信之人，沒有辦法一邊孤立自己，一邊大談同胞之愛與和平，那只是個宗教或政治的遊戲**，一種收穫及野心感。一個對此真正認真、想要發覺之人，就必須面對知識和信仰的問題；他必須到後頭去，去發覺整個運作中渴望的過程，那份想要安全、想要確定的渴望。

一顆能夠發生新鮮事的心——不管是真理，不管是神或任何你希望的——一定要停止去獲得、去蒐集；一定要把所有的知識都撇到一邊去，一顆承載知識的心當然不可能了解何者為真，何者為無可限量的。

7 努力 Effort

對大部分人來說，我們整個生命都建立在努力這種意志力上，沒有意志力、沒有努力，我們產生不了行動；我們的生命架構在這上頭，我們的社會、經濟以及所謂的精神生活都是經由一連串的努力，累積成一定的成果，讓我們覺得努力是基本的、必要的。

我們為什麼要努力？簡言之，難道不是為了要得到一個成果、成為什麼或者達到一個目標？若是我們不努力，就認為自己腐敗。我們有個要不斷努力達成目標的想法，於是努力成為我們人生的一部分。如果我們想要改變自己，為自己帶來重大的改變，就得非常努力的消除舊有的習慣，抗拒慣性的環境影響等等，所以我們習於這一連串的努力，以便找到或得到什麼，甚至是為了要生活。

難道這所有的努力不就是自身的活動嗎？難道努力不是種自我中心的活動嗎？

如果我們從自我中心來做努力，就無可避免的會製造出更多的紛爭、更多的迷惑、更多的悲慘，可是我們卻還要不斷的努力下去。

我認為如果我們想要了解努力的意義，就必須了解生命的含意，幸福來自於努力嗎？你曾經嘗試變得快樂嗎？你拼命想要快樂，結果卻得不到快樂。愉悅並非來自壓抑、控制或放縱，你可以沉溺，但結果是苦澀的，你可以壓抑或控制，但裡頭總隱藏著糾紛。幸福並非來自於努力，歡喜也不是來自於控制和壓抑；但我們的生命仍是一連串的壓抑、一連串的控制、一連串的懊悔沉溺。同時，和我們的情感、貪念和愚蠢間有不斷的克服和掙扎，難道我們不是一直在抗爭、掙扎、努力的希望能因此找到快樂、找到能夠帶給我們一種和平的情感、愛的感覺的東西？但愛和理解有透過抗爭而來的嗎？

努力難道不意味著拼命將**是**什麼改變成**不是**什麼，應該或變成應該的什麼嗎？我們持續的努力就是為了防止面對**真相**，或者試著擺脫掉它，或是轉化或調整它的**原貌**。一個真正滿足的人是了解**真相**的，賦予事情**原貌**正確意義的人，那才是真正的滿足；和擁有多或少的財產無關，而是了解了事情一切的**真相**，並且只有在你領悟**真相**時才會出現。

所以，我們視努力為把**真相**轉化為你希望的模樣所做的抗爭與掙扎，我談的只是心理上的掙扎，而不是物理問題上的抗爭，像是機械或某些純粹技術性的發現與轉化，技術方面是永遠能夠克服的。你可以精心打造一個絕妙的社會，運用科學所給予我們的無窮知識，但只要心靈抗爭、掙扎與戰鬥依舊不被理解，也沒克服心理的寓意和潮流，則社會的結構不論建造得多麼不可思議，都注定要一而再、再而三的崩解。

努力會混亂了**真相**，一旦接受**真相**，就沒有掙扎了，任何的掙扎或奮鬥都是混亂的指標；而混亂，就是努力，只有在心理上我希望把**什麼**轉化成不是**什麼**時就會存在。

創造是透過努力，還是唯有停止努力才會來呢？你什麼時候寫作、繪畫或者歌唱？什麼時候創作？當然是在你沒有努力、你完全開放、你在各層次都完全溝通、完全整合的時候，喜悅之心油然而生，然後，你開始唱歌或寫詩或畫畫或者做出什麼東西來，創造的時刻絕非透過努力所產生的。

或許在了解創造問題的過程中，可以理解到我們認為的努力是什麼意思，創造是努力的結果嗎？而在創作的時刻裡我們會有所察覺嗎？或者創造是一種全然忘我的感覺，是毫無混亂的感覺，是當一個人完全無思的時刻，只有完整、充實、富足之際？難道這是創痛、掙扎、紛爭、努力的結果嗎？你是否注意到當你輕鬆、快速的做某件事時，是沒有努力的、完全不需要奮鬥的；但我們的生命卻大部分是一連串的戰鬥、紛爭和掙扎，我們無法想像一種完全終止奮鬥的生命和生活狀態。

為了了解沒有掙扎的生命狀態、創造性生活的狀態，人必須探索整個努力的問題，我們認為藉著拼命努力可以實現自我，可以變成某種東西，我是這個，而我想變成那個；我不是那個，而我非變成那個不可。在變成「那個」的過程，有掙扎、鬥爭、衝突，在這些過程中，我們無可避免的會想要透過結果來實現；我們會在目標、個人、想法上來尋求自我實現，所以我們認為努力是無可避免的；但這種想要成為什麼的掙扎**真是**不可避免的嗎？為什麼會有這種掙扎？只要有實現的渴望，不管是什麼程度、不管是什麼層級，都會有掙扎。實踐是動機，是努力背後的動力；不管是在大總裁、家庭主婦或是窮人身上，這想要變成什麼或實現什麼的戰鬥都會持續下去。

為什麼會有實現自我的渴望？很顯然的，想要實現的渴望或想要變成什麼的渴望，都是在自覺為無名小卒時浮現，因為我什麼都不是，因為我不足、空虛、內在貧乏，我努力想要變成什麼；內在與外在上都想要以個人、事件、觀念來實現我自己，填補這份空虛成為我們整個的生存過程，那就是我們每日的生活內容。我察覺到我的不足、我內在的貧乏，所以我拼命想要逃離它或填充它，自然會伴隨著掙扎、奮戰和努力。

如果不努力逃離的話，會怎麼樣呢？一個生活在那種孤單、那種空虛並且接受了那種空虛的人，會發現有種和奮戰、努力完全沒有關係的創造狀態，努力只有在我們試著迴避內在的孤單、空虛時才存在，可是當我們看著它、觀察它，當我們毫無迴避的接受**真相**時，就會發現一種終止努力的狀態，那種狀態是創造性的，而不是經由奮戰的結果。

可是當面對**真相**，也就是對空虛、內在不足有所了解時，就會有創造性的真實、創造性的理解，單單這樣就可以帶來幸福了。

所以，我們所知的行動其實是反應，是不停的轉變，是對**真相**的否定和迴避；可是在不經選擇、不帶責難或論斷的察覺空虛時，這行動就成為一份創造，如果你在行動中有自我察覺，就會明白這一點，在行動中觀察你自己，不只看外在，也要看你思想和感情的活動，當你察覺到這個動作時，就會看到思想的過程，也就是情感和行動都是建立在想要轉變的想法上，轉變的想法只緣於不安全感，而缺乏安全感又源自於一個人察覺到內在空虛的時刻。如果你察覺到思想和情感的過程，你就會明白一直有個戰鬥在持續，一直有個想要改變、修正和轉變**真相**的努力在。**透過自覺、透過持續的察覺，你會發現轉變的努力、戰鬥和紛爭，先導致痛苦、悲傷和無知，唯有你察覺到內在的不足，不躲不藏的與之相處，完全的接受它，你才會發現到至高無上的澄澈，不是拼湊、組合的澄澈，而是隨著了解真相**而來的澄澈，只有那種澄澈狀態，才是創意生命。

8 對立 Contradiction

我們在我們之中及週遭看到對立；因為對立，在我們的內在與外在皆缺乏和平，都在否定和主張——我們**想要**和我們現況之間有對立狀況，對立製造了紛爭，而紛爭無法帶來和平。這個內在的對立絕對不要被演繹成某種哲學的二元論，因為那是個非常便捷的逃避之道，把對立說成一種二元狀態，我們會以為自己解決了它，那只是一種習慣，用以逃避事實的習慣。

現在來看看我們認為紛爭和對立是什麼？我體內為什麼會有對立？——想要成為什麼的掙扎讓我與自己的現況分離，我是這個，而我想成為那個，這內在對立是個事實，不是抽象的二元論。抽象理論在了解**真相**上毫無意義，我們可以討論，好比說二元論是什麼、是否存在等等；但如果我們不知道我們心裡有對立、有相反的慾念、相反的興趣、相反的渴求，那又有什麼價值可言？我想做個好人，可是辦不到，一定要先了解這個矛盾，了解心中的這份對立，因為它會製造紛爭；而在紛爭、掙扎當中，我們就無法獨立創造。有對立就有掙扎，而掙扎是種毀滅和浪費，在那樣的狀態下，除了敵對、爭吵、更多的痛苦和傷痛外，我們什麼也製造不出來，如果我們充分了解這一點，並因而排除掉對立的話，就能夠擁有內在的和平，帶來人與人之間的了解。

問題是，明明看到紛爭是破壞、浪費的，為什麼我們每個人心中還有著對立呢？這種想要與不想要，想汰舊換新的感覺其實是很平常的。事實就是有對立存在。

我們有個渴望會一直持續否定另一個渴望，一個追求壓過另一個追求，這世上真有所謂永恆的渴望嗎？**所有的**渴望都是短暫的——非抽象上，而是實際上的。我想要一份工作，我把特定的某份工作當成了快樂的方式；當我得到這份工作後，就開始不滿足，我想要成為經理、然後是老闆，以此類推等等、等等，不只在這俗世界上，還有在所謂的精神世界中——老師變成了校長，教士變成了教宗，學生變成了大師。

一個接一個的演變帶來了對立。為什麼我們不能把生命別再當成一個恆久的渴望，而當成一連串總是會彼此對立的短暫渴望？這樣心靈就無須一直處在對立狀態中。要是我不把生命當成一個恆久的渴望，而是一連串持續變化的短暫渴望，那就沒有對立了。

對立會在心意定於渴望之點上時產生；也就是說，這時心已經不把所有的渴望都看成了活動、無常的，而是緊巴住一個想要將其變為永恆的渴望不放——只有在這時候，其他的渴望才會浮現，對立也隨之而來，但渴望是持續的活動，世上沒有固定於一點的不動渴望。世上確實沒有固定不動的渴望；但心靈卻建立了固定的點，並把一切都看成達到和取得的方法；在這過程中，一定會有對立。你想要成功、想要找到一個終極的神明或真理，成為你永恆的滿足，因此你不是在尋找真理，而是在尋找神，你在尋找持續的滿足，再為那份滿足包裹上理想、包裹上聽來令人尊敬的字眼，如神、真理。如果你真的想要找到真理，你就必須極度的誠實，清明的面對事實。

現在來看看是什麼帶來我們每個人心中的對立？當然是想變成什麼的渴望，在世上變得成功，內在則取得某種成果。只要我們以時間、成就、地位來思考，就會有對立，畢竟心靈是時間的產物。思想根據昨日、根據過去；而只要思想在時間的領域內運作一天，以未來、轉變、獲得、爭取來思考，就一定會有對立，只有了解、明白、對**真相**毫無選擇的察覺，才有可能獲得自由，擺脫對立的崩解元素。

只要我們想獲得一個心理上的結果，只要我們想要內在的安全，我們的生活就一定會有對立，我不認為我們大部分的人對生命中的這份對立都有所察覺；或者就算我們有所察覺，也看不到其中真正的意義。相反的，對立給我們一種生活上的刺激；衝突的基本元素讓我們覺得我們是活著的，對立的努力和掙扎給我們一種活力感，所以我們會喜歡戰爭，會樂在挫折的戰鬥中。只要渴望獲得結果，渴望心理上的安全，就會有對立；只要有對立，就沒有安靜的心靈。而思想是永遠不可能寧靜；做為時間產物的思想永遠也找不到永恆之物，永遠也不明白何謂超越時間，我們思想最深的本質就是對立，因為我們總是依照過去或未來來思考；所以我們永遠也無法完全清楚，無法完全認識現在。

要完全認識當下是件極其困難的事，因為心靈無法完全卸下欺瞞，直接面對事實。思想是過去的產物，所以只能依照過去或未來來思考；這樣的結果只會在我們身上以及我們之間製造更多的對立，然後是紛爭、不幸與困惑。

因此，只要有思想的模式在，對立就會繼續；想要終止模式，隨之終止對立，一定要有自覺，這種對自我的了解並非為少數人保留的過程，在我們每天的言談、我們思考的模式、我們看待彼此的方式中都在進行自我了解，要是我們可以時時刻刻察覺每一個想法、每一個情感，那我們就會在經驗中看到了解自我之道，之後心靈才可能澄澈，也唯有到那時，才可能出現終極的真相。

9 自我是什麼？
What is the Self?

談及自我，我指的是想法、記憶、結論、經驗、各式各樣可以名狀或無以名狀的企圖，有意識的你努力要如何或不要如何，是無意識、族群、團體、個人、氏族的記憶累積，所有的一切、不論是向外投射於行動，或在精神上投射為德行；這一切的努力就形成了自我，其中也包括競爭和渴望，這整個過程就是自我；而我們確實知道面對它時，是件邪惡的事，我故意用「邪惡」這個字眼，因為自我是分裂的：自我是自我封閉的。它的行動無論多麼高貴，都是分離和孤立的，這些我們全都知道。我們也知道，沒了自我的那些非比尋常的時刻，也就沒有努力、辛苦的感覺，而這些是只有在愛的當下才會產生。

我覺得去了解經驗是如何在加強自我，是重要的，我們應該弄清楚經驗的問題，先來看看我們所謂的經驗是什麼？我們一直都在經歷事件，留下印象；然後演繹這些印象，再根據它們來反應；我們會精打細算、機伶的等等，在意識和無意識的記憶之間交互作用。

根據記憶，對我的所見、所感做出反應，在這過程中，經驗就自然形成了。對所見的某些事情做出反應及回應是經驗；當我看到你，做出反應，那個反應的名字就叫做經驗。如果我沒有為那個反應取名，它就不會成為一個經驗，看看你自己的反應以及在你身上發生的事，除非同時有個命名的過程，否則就不成經驗。要是我認不出你，我怎麼會有碰過你的經驗呢？如果我不根據我的記憶、根據我的調整、根據我的成見來反應，我怎麼知道我有個經驗？

還有各式各樣慾望的預設，想要被保護，想要內在的安全感；或者我希望有個大師、有個**精神導師**、有個老師或者一個神，我就去經驗我所預設的一切；也就是說，我擬出一個慾望來，形成一個模式，然後給它一個名字；根據這個來反應，我所做的計畫、我命的名，那樣的慾望給了我一個經驗，讓我說：「我有經驗。」、「我遇到了一位大師。」或者「我沒遇到大師。」你清楚為一個經驗命名的過程，慾望就是你稱為經驗的東西，不是嗎？

當我想要內心的安靜時，會發生什麼事？會怎麼樣？我因為各式各樣的理由見識到有顆沉默之心、安靜之心的重要性；因為《奧義書》如是說、宗教經文如是說、聖人如是說，而偶爾我可能也覺得安靜多好啊，因為我的心整天吵擾不休，有時我會覺得有顆平和的心、有顆安靜的心是多麼好、多麼喜悅，那份渴望想要經驗安靜，想要有顆安靜的心，會問：「我要怎麼得到呢？」我知道在這本或那本書中提過冥想及各式各樣的戒律，透過戒律去尋求安靜的經驗，自我、那個「我」於是就在安靜的經驗中建立了起來。

我想要知道什麼是真理，那是我想要、我渴望的；接著就投射出我所認為的真理，我看到了許多，我聽到了許多；宗教經典中所形容的，那些我全部都要，結果呢？這極度的需求與渴望都被投射出來，而我也經驗到了，因為我認出了那個投射出來的狀態，而要是我沒有認出那個狀態，我就不會稱其為真理。我認出了它並經歷它；那份經驗給了自我、給了「我」力量，不是嗎？所以，自我藏身在經驗的壕溝內，然後你說：「我知道。」、「大師存在。」、「有神。」或者「沒有神。」你說某個特定的政治系統是正確的，其他的都不是。

經驗始終在加強「我」，你越往經驗中挖壕溝，自我的力量就越強，結果你會有特別強烈的性格、強有力的知識或信仰，並且展示給別人看，因為你知道他們沒有你聽明，因為你有文筆或講演的天賦，你是精明的，**因為自我仍在活動，所以你的信仰、你的大師、你的階級、你的經濟制度加起來全部成為孤絕的過程，同時帶來鬥爭**，如果你對這件事是嚴肅及認真的，就要完全的去消融這中心，不要再將其正當化。這就是為何我必須去了解經驗的過程。

有可能要一顆心、一個人不去投射、不去渴望、不去經驗嗎？我們看到所有的生活經驗都是負面、破壞性的，卻還稱其為正面的行動。我們所謂的正面生活方式，對你來說，是負面的。我們、你和我、身為個人，可以深入根源，並了解自我過程嗎？是什麼帶來自我的融解？是宗教和其他的團體提供了認同？**「讓自己認同於一個較大的目標，自我就消失了。」他們如是說。可是認同當然還是自我的歷程；較大的目標只不過是「我」的投射而已，是我所經驗的，因此強化了「我」**。

一切形式的戒律、信仰和知識都只會強化自我，我們找得到一種消融自我的元素嗎？或者這是個錯誤的問題呢？基本上那就是我們想要的，我們想要找到某種會消融自我的 東西。我們以為有各種方法，換句話說，就是認同、信仰等等；但是它們全都在一個等級上，因為在加強自我、加強「我」這方面，它們全都一樣有力，所以不管「我」在哪裡運作，我都看得到，並看得出它的破壞力與能量？不管我賦予它什麼名字，它都是一股孤立的力量，是一股破壞的力量，而我卻想要找到一個方法來消解它。你一定這樣問過自己——「我看見『我』一直在運作，而且總是帶來焦慮、恐懼、挫折、絕望、不幸，不只帶給我自己，還帶給我週遭的人，有沒有可能消融掉那個自我，不只消除一部分，而是全面的消融？」我們可以深入其根源來摧毀掉它嗎？那是唯一真的管用的方式。我不想要部分的聰明，而是要整合的明智。我們大部分的人都在各自的階層上展現聰明，你可能在一方面，而我在另一方面。你們有些人在業務上聰明，有些在辦公室工作上聰明等等；人聰明的方式各有不同；但都不是完整的明智。**要完整的明智意味著沒有自我**，這可能嗎？

這下自我有可能完全消失嗎？你知道是有可能的。需要什麼必要的材料嗎？引進它的元素是什麼？我找得到它嗎？當我提出：「我找得到它嗎？」這個問題時，我肯定已經相信那是有可能的了；所以我已經創造了一個自我會強化的經驗。自我的了解需要極大的明智、關注、警醒、不停的觀察著，才不會輕易溜走，我是非常認真的想要消弭自我，當我那樣說的時候，我知道消弭自我是有可能的，當我說：「我要消除掉這個。」在那一刻，裡頭仍有自我的經驗；所以自我還是被強化了，因此要如何不去經驗自我呢？人絕對看得出來創造的狀態完全不是自我的經驗，創作是發生在自我不在時，因為創作並非理智上的、並非心靈的、亦非自我投射，它乃是超越所有經驗的某樣東西，只有在完全寂靜，才會發生。

世上可有自外於自我的實體，注視著自我又消融自我的嗎？可有個精神實體會取代自我又摧毀它，把它擺到一邊的嗎？大部分的宗教人士都認為有這樣的要素，唯物論者則說：「自我是不可能摧毀的；只可能依條件調整和訓練——政治上、經濟上和社會上的；我們可以在一個特定模式中抓牢它，也可以打破它；因此它可以用來引導我們過更高層次的生活、道德生活，不被任何事情妨礙，只要跟著社會規範，像機器一樣運作就好。」還有其他人，所謂的宗教人士——雖然我們這樣稱呼，但其實他們並非真正的宗教人士——說：「基本上，是有這種元素的，如果我們能夠與之接觸，它們就會自我消融。」

有可以消融自我的元素嗎？請看看我們正在做的事，我們把自我逼進了角落，如果你允許自己被逼進角落，你就會看到發生了什麼事，我們當然喜歡有個永恆的元素，我們希望那不是自我，反而希望能有個東西來調停並摧毀自我——我們稱那為神，有這種心靈可接收的東西嗎？可能有，也可能沒有；那不是重點，但是當心靈追求一種永恆的精神狀態，付諸行動以便摧毀自我時，豈不又是另一種強化「我」

的經驗模式？當你相信有真理、神、永恆的狀態、永垂不朽時，這些不全都是一種加強自我的過程？將你所感覺並相信一定會發生的事情做自我投射，並且摧毀了自我，所以，在一個永恆狀態中投射了這個持續的念頭，做為精神上的實體，你就有了一個經驗；而這經驗只會強化自我，結果你做了什麼？你並沒有真正摧毀掉自我，只是為它換了個不同的名字，換了不同的性質；自我仍在，因為你已經經歷過了，於是我們從頭到尾做的都是同樣的行動，只是我們認為它發展了、成長了、變得越來越美麗了；但是如果你觀照內心，就會發現那只是在繼續同樣的行動，是同樣的「我」換上了不同的牌子、不同的名字在不同的層次上運作而已。

真相、真理是認知不來的，因為真理來時，信仰、知識、經驗、德行的追求——全都必須離開。有自覺在追求德行的高尚人士永遠也找不到真相，他可能是個非常高尚的人；但是那和一個真理之人、了悟之人完全不同，要成為一個真理之人，真理必須是自然浮現的。一個有品德的人是個正直的人，而一個正直的人永遠不了解何謂真理，因為德行之於他，就像是自我的覆蓋，強化了自我，因為他追求的是德行，當他說：「我必須沒有貪念。」他所經歷的無貪念只是在加強自我，其所以重要，乃因它不光是俗世物質上的貧窮，還有信仰和知識上的貧窮，一個俗世富裕，或者在知識與信仰上富有的人，除了黑暗，什麼也不曉得，他還會成為不幸和悲慘的中心。可是如果身為個體的你和我，可以看到整個自我的運轉，接著就會明白什麼是愛，我跟你保證這是唯一有可能改變世界的改善之道。愛不是自我，自我無法認知愛，你說「我愛」，但就在說的時候、經歷的時候，那已並非愛。可是**當你知道了愛，自我就不再，有了愛，就不再有自我。**

10 恐懼 Fear

恐懼是什麼？恐懼只可能和某種東西聯繫、不可能獨自存在，好比說我怎麼可能害怕死亡、怎麼可能害怕某種我所不知道的東西？我只可能害怕我所知道的東西，當我說我害怕死亡時，我真正怕的是未知的死亡，或者怕失去我所知道的一切？我的恐懼不是死亡，而是失去和所有屬於我的東西之間的聯繫，我的恐懼一直是和已知而非未知相關聯。

所以我現在的探索，是在於如何從已知的恐懼當中解脫出來，那是在害怕失去我的家庭、我的名譽、我的個性、我的銀行帳戶、我的食慾等等，你或許會說恐懼從意識而生；但你的意識是由你的條件衡量所形成的，所以意識仍是已知的結果，我知道些什麼？所謂的知識包含思想、包含對事情的意見、包含和已知事物相連結的持續感，除此之外，別無其他。思想是記憶，是經驗的結果，也就是挑戰的回應，我怕已知的事物，意味著我害怕失去人、事情或思想，我害怕發現我自己是誰，害怕身處失落中，害怕當我失去或者不再獲得、或者不再擁有愉悅時會浮現的痛苦。

我們怕痛，生理上的痛是種神經反應，可是心理上的痛會在我緊握住給我滿足的東西不放時浮現，我開始害怕任何可能將它們從我身上奪走的人與事，只要不受驚擾，心理上的積蓄就能防止心理上的疼痛；也就是說，我的積蓄和豐富的經驗，可避免任何形式的妨礙——我也不要被驚動，因此任何會擾亂它們的人我都怕，所以說我的恐懼是來自於已知，我怕的是生理或心理上那些我收集來做為隔絕痛苦或迴避哀傷方法的累積，但偏偏哀傷就在迴避精神痛苦的累積過程中。就像醫學知識有助於防止生理上的疼痛一樣，信仰也有助於防止心理上的痛，所以我才會害怕失去我的信仰，即便我對這些信仰的真相沒有充分的知識或確切的證明，我可能會排斥某些矇騙我的傳統信仰，因為我自己的經驗給予了我力量、信心和了解；可是我所取得的這些信仰和知識，基本上還是一樣的——都是迴避痛苦的方法。

只要有已知的累積，恐懼就會存在，因為那會製造失去的恐懼，所以對未知的恐懼，其實是怕失去累積的已知，累積始終意味著恐懼，接著就轉變成痛苦，當我說：「我絕對不能失去。」即是有著恐懼，雖然我的本意是積存東西以迴避痛苦，但痛苦天生就存在於累積的過程中，我製造出來的其實是恐懼，是痛苦。

防禦的種子會帶來侵犯，我想要身體上的安全，於是創造出主權政府，引來配備武力的必要，意味著戰爭，結果摧毀了安全。**哪裡有自我保護的渴望，哪裡就會有恐懼**，當我看到了渴望安全的謬見時，我就不再繼續做累積了，要是你說你也看出了這一點，可是無法不繼續累積，那是因為你還沒有真正搞清楚累積天生上就會有痛苦。

恐懼存在於累積的過程，而信仰某樣東西就是累積過程的一部分。我的兒子死了，我相信輪迴能讓我免於生理上更加痛苦；可是就在相信的過程中，有著疑慮。**向外我累積物質，帶來戰爭；對內我累積信仰，帶來痛苦，所以只要我繼續想要安全、想要銀行帳戶、歡樂等等，只要我繼續想要在生理或心理上成為什麼，就會有痛苦，我迴避痛苦所做的事，竟然就為我帶來了恐懼和痛苦。**

恐懼永遠在我想要進入某種特定的模式時出現，想要活得沒有恐懼，就要不靠特定模式的活，當我要求某種特定的生活方式時，本身就是一種恐懼的來源，我的困難在於我想要活在一種特定的框架裡頭，我真的無法打破這個框架嗎？只有在看清楚事實——框架造成恐懼，而恐懼強化了框架時，我才辦得到。如果我說我必須打破框架，因為我想擺脫恐懼，那我不過是在依循另一個模式，造成更進一步的恐懼而已，我這邊任何基於打破框架的渴望而採取的行動，都只會製造另一個模式，繼而感到恐懼。我要如何打破框架但不製造更多的恐懼呢？亦即不要產生任何有意識或無意識的行動呢？這意味著我必須什麼都不做，不做任何打破框架的動作，在我只注視著框架什麼都不做時會怎麼樣呢？我會看到心靈本身就是框架、模式，住在它為自己創造的慣性模式裡頭，因此心靈本身就變成了恐懼，不管心是往加強舊有的模式，或是進一步走出一個新的方向，都意味著不管我們的心在做什麼，都只是為了擺脫恐懼，而引來恐懼。

恐懼會找各式各樣的逃避之道，最普遍的一種是認同——認同於國家、社會、思想觀念，你有沒有注意到當你看到遊行活動，那種軍事或宗教的遊行活動，或者當國家發生危險或被侵略時，你所做的反應嗎？你會認同於國家、認同於一個生命、一個觀念，其他時候你會認同你的孩子、你的妻子、一種特定型式的活動或非行動。認同是種忘我的過程，只要我還意識到「我」，我就知道會有痛苦、掙扎和持續的恐懼，可是如果我可以認同於某樣更大的東西，或值得認同的事情，如美、生命、真理、信仰、知識，即使只是暫時的同化也能夠逃離「我」。例如談論「我的國家」，就會暫時忘了我自己。談論神也是，又如果我可以讓自己與我的家人、一個團體、一個特定的黨、一個特定的觀念同化，我也可以得到暫時的逃避。

認同因而成為一種逃避自我的方式，甚至如善行也是一種逃避自我的方式一樣，一個追求善行的人他逃避了自我，卻心胸狹窄，那就不是一顆善良的心，因為善行是無法追求的，你越想變得有德行，便越加強了自我、加強了「我」。恐懼對大部分的人而言，有各不相同的形式，總是會找到替代品，也一定會因而加大我們的掙扎，你越認同於一個替代品，你所欲意攀附的，願為其努力為其死的力量就越強，因為恐懼就在後頭。

我們知道恐懼是什麼嗎？難道不就是不肯接受事實**真相**嗎？我們必須了解「接受」這個字詞，我不是用這個字詞來代表努力做到接受的意思，當我感知事情的**真相**時，就沒有接不接受的問題，是在我看不清楚**真相**時，才會引進接受的過程，所以恐懼就是不去接受**真相**，帶著這一大堆反射、回應、記憶、希望、壓抑、沮喪，要如何予以超越呢？沒有這罣礙，心會有意識嗎？我們知道當罣礙不再時，會多麼的歡喜，你難道不知道在身體完全健康時，會有一定的歡喜與快活；難道不知道當心靈完全自由、沒有任何罣礙，當認知中心的「我」不再時，你會經歷一定的歡喜嗎？你不曾在自我消失時經歷這種狀態嗎？我們當然都體驗過。

11 單純 Simplicity

現在來討論什麼是單純，也許從這裡還可以找到感性。我們大多數人會以為單純只是外在的表現，是一種抽離：擁有少一點、穿戴少一點、沒有房子、存款少一點，但這當然不是單純，這只是外在的表面。在我看來，單純是非常必要的，但只有當我們真的開始了解「自覺」的意義後，單純才會存在。

單純不只是調整到某一種形式。要做到單純需要莫大的睿智，而不是僅僅符合某一種型式，不管那外表看來有多相稱。不幸的，我們大多數人都從外在的簡單、外在的表象開始。能夠減少物慾並怡然自得，能悠遊於匱乏之中甚至還可以再付出，這都是容易做到的。單單外在上對物質、對擁有之物的簡單絕對不表示內在的單純。因為生活在現在這個世界裡，有越來越多外在的事物會由外不斷的驅策著我們，生活越來越複雜。為了逃避，我們試著放棄或隔絕這些東西——房子、車子、雜誌、電影以及無數從外在衝擊我們的情境。我們認為藉著抽離就能夠保持單純，很多聖人、很多老師拋棄了現世；在我來看，這種我們任何人所做的抽離都沒有解決問題。單純，基本上真的只能來自內在，再從內在往外表現。問題就在於如何單純；因為單純會讓人越來越敏感。有敏感的思維、敏感的心，就變得很重要，因為唯有那樣才能很快的領悟、很快的接受。

唯有經由了解人心裡面存在的無數心障、情感、恐懼，才可以做到內在的單純。但我們大多數人往往**喜歡**被擁有——被他人、被物慾或被理想所擁有。我們喜歡成為囚犯，外在似乎單純，內心深處我們卻**是**囚犯。是我們自己的慾望、需求、理想及無數誘惑的囚犯。除非內心都能放開，否則無法做到單純。

所以要從內在開始——不是排除、抗拒外在。你要進入內在當然必須經由了解外在開始，經由明白衝突、紛爭、痛苦是如何的存在於外在；當人不斷的去探索之後，自然會看到對外產生紛爭和不幸的心理狀態。外在的表現只是我們內心狀態的一項指標，了解內心的狀態必須從外在著手。了解內在，是藉由了解外在而進入內在——我們會發現，當我們在進行探索內在複雜的思維時，我們變得更敏感、更自由。內在的單純是這麼的必要，它創造了敏感性。一個不敏感、不具察覺力的心，不可能發展出具有包容力、創造力的行動。但以一致性的方式讓我們單純，則會讓我們心智遲鈍，不具敏感性。任何透過政府、透過個人、透過有目的性的思維而來的權威強制形式等等，這種一致性一定會失去敏感性，因為內在已經不單純。就像那些信徒，由於外在的一致，看起來很單純，他們遵行各種不同的戒律，參加各種組織，在某種特定的潮流中冥想——這些都有單純的表象，但這種一致性並不必然是單純。相反地，你越壓制、越掩飾、越淨化，就越不單純。但如果越去了解壓抑、掩飾及淨化的過程，就越可能單純。

我們的問題——社會、環境、政治、宗教各方面的問題——是那樣的複雜，以致我們唯有以簡單來解決，而不是藉著讓自己變得非比尋常的博學及聰明。簡單的人看事情比較直接，比複雜的人更具備直接的經驗。我們腦袋裡裝滿了無限的知識和一堆別人的意見，所以我們變得沒辦法單純，沒辦法親自擁有直接的經驗。而很多問題必須以新的方式去面對；只有當我們變得簡單，內心深處真正的單純時，才能夠面對。

無法做到單純，人就不可能敏感——對樹、對鳥、對山、對風、對世上所有我們週遭的事物；一個人如果不單純，就不可能對所有事物內在的隱示敏感。我們大多數人都活得很膚淺，只在意識的表層；我們想變得有思想、有智力，跟信教是同樣的意義，而信教是經由強制、戒律讓我們的心靈單純，但那並非單純。當我們強迫我們上層的心單純，這種強迫只會使我們的心更強硬而不是使它柔軟、清晰或迅捷。總之，要在我們整個、所有的意識中單純是非常吃力的；因為必須從內在毫無保留的、熱忱的去追尋、去探索思想的過程，也就是對每一個隱晦、暗示都很清楚；知道我們的恐懼、我們的希望，深入了解，最後從那裡更加、更加的解脫出來。只有到那個時候，當心靈和心智都真正的單純，沒有包袱時，我們才能解決所有面對的問題。

知識不是用來解決問題的，比如說你可能知道有所謂的轉世之說，你只是**可能**知道，你也可能會被說服，但知識不能解決這個問題，死亡無法由理論、見聞或目擊來架構。它比知識更神秘、更深奧也更具創造性。

人必須要有重新探索一切事物的能力；因為只有經由**直接經歷**才能解決我們的問題，要有直接經歷就必須單純，意即必須敏感。**心識會被知識的重量弄得遲鈍，會被過去、被未來弄得遲鈍。**要有能夠自行調整的意念，隨著現況，連續的、不斷的依週遭環境加諸於我們身上巨大的影響與持續的壓力而調整。

那麼，一個有信仰的人不在於他是不是真的穿了道袍或纏腰褲，一天只吃一餐或發了無數誓約去做這做那，但是他如果內在單純，他就不會**變成**任何東西，這樣的一顆心有著無與倫比的感受力，因為沒有障礙、沒有恐懼、沒有冀求，他因此能接納仁慈、神、真理或隨便你說的任何東西。**一顆正在追求真實的心不是單純的心，在往外追尋、馳求、摸索、騷動的都不是單純的心。**一顆遵循任何權威形式的心，不管是內在或外在的，它都不可能敏感。只有當心對本身發生的所有事情、反應、思想都很敏感、警醒、察覺，而且不再想變成什麼，不再將自己塑造**成為**什麼時——只有到那時才可能接受所謂的真理，只有到那時才有快樂，因為快樂並不是個結束——它是真實的結果。當心靈和心智變得單純而且敏感——沒有透過任何強迫、指引或附加——那時我們才能看到我們的問題都已簡單的解決了。

12 覺察 Awareness

了解我們自己就是要了解我們與世界的關係，人與自然界，和我們所擁有的東西間的關係。這就是我們的生活——和一切相關聯的生活。了解這些關係需要專業化嗎？當然不需要，需要的是視生活為一體的察覺。人如何能視生活為一體，這意謂不只是與你鄰居間的個人關係，還有與自然界、與你所擁有的東西、與思想以及與意念製造出來的幻影、慾望等等之間的關係。人是如何察覺這關係的整個過程？這就是我們的生活。

人如何覺察？我們對任何事物是怎樣去覺察的？你如何覺察你和別人間的關係？如何覺察樹木、鳥叫聲？當你看報時你如何覺察你的反應？我們覺察得到心靈膚淺的反應，還有更內在的反應嗎？我們對任何事物是怎樣去覺察的，首先是察覺到外界刺激的反應。我看到一棵樹，然後有反應、然後感覺、接觸、驗證、渴求，這是一般的過程。我們可以不藉由看書而觀察到實際發生的事。

透過驗證，你會有喜悅及痛苦。而我們的「能力」會懸繫喜悅、趨避痛苦。如果你對某件事情感到興趣，它帶給你喜悅，「能力」立即產生，並立即察覺到這件事情；如果是痛苦，就會發展出避開它的「能力」。只要我們是藉由觀察「能力」來了解自己，我們就會失敗；因為了解我們自己並不是靠能力，了解我們自己並不是一種會隨著時間、經由不斷的磨練而培養、發展、增加的技術。這種對自己的覺察，當然，是經由關係的互動測試出來；是經由我們的談話或者行為模式測試出來的。不帶任何驗證、任何比較、任何責難的觀察你自己，只是觀察，你會看到一件非比尋常的事情出現，你不只是把一個沒有意識的行動結束——因為我們大多數人的行動都是無意識的——你不只是把它了結，而是更進一步的覺察到這個動作的動機，沒有懷疑、也不需深入探索。

當你在覺察時，你看到你整個思考和行動的過程；但必須是在不帶責難的情況下。當我非難某件事時，我並不了解它，那也是迴避任何了解的一個方式。我認為我們多數人會故意那麼做；我們會立刻非難並自以為了解，如果我們不非難而是先尊重，也就是去覺察它，然後行動的內容和意義就會敞開來。

如果你想了解某件事情，就必須處在一種被動的心態下。你不能只是一直想它、思索它或質疑它，你必須非常敏銳的去接受它所包含的一切，像一張敏感的相片底片。如果我想了解你，我必須被動的去認知，你才會開始告訴我你的事情。當然這絕不是能力或專業的問題。在過程中，我們開始了解自己——不只是我們意識的膚淺層級，而是更深，那才是較重要的；因為那裡才是我們的動機、企圖、我們的隱藏、錯綜的需索、焦慮、恐懼以及慾望。表面上一切都控制得當，但內在卻在不斷的燃燒，直到經由認知，而被完全了解，沒有自由、沒有快樂也沒有智能。

智能是種專業嗎？——智能是我們對過程的整體覺察。這種覺察需要經過任何專業化形式的培養嗎？神職人員、醫生、工程師、企業家、商人、教授都具有專業的心智。

要了解最高形式的智能——也就是所謂的真理、所謂的神，那無法形容的，我們認為得讓自己專業，我們研究、摸索、探尋；然後利用專家的心智或依賴專家去研究我們自己，以便發展出一種幫我們解開紛爭和不幸的能力。

如果我們最後了解到，別人不見得可以解決我們日常生活的紛爭、不幸和悲傷；我們自己又要如何克服這些呢？要了解一個問題，顯然需要某種智力，而這種智力不能由專業化或培養而來。只有當我們被動的認知我們意識的過程，它才會出現；也就是毫無選擇、何者為對、何者為錯的自我覺察，當你被動覺察時，你就會在這份被動外看到它不同的含意，所謂被動並非偷懶、打瞌睡、而是非常警覺的，它意謂著這個問題尚未經過長時間的驗證，所以還沒有判斷，於是問題會自顯其內涵。如果你能經常、持續這樣做，問題就可以徹底解決，不僅僅是表面上而已。這就是困難所在，因為我們大多數人不會被動的覺察，我們不知道如何心平氣和的看待問題。我們想從中獲得答案、期待結束；或者想要依照我們的快樂或痛苦來詮釋它；又或者是因為我們已經有了既定的答案。所以，我們會以舊的模式來面對全新的問題。挑戰永遠是新的，而我們的回應卻是舊的，我們的困難就在如何適當的、充分的面對挑戰。問題常常是關係上的問題，例如跟事情、跟人或跟思想的關係，不會有其他的問題；遇到關係上的問題時，因為它的需求一直在改變，人就必須處在被動的覺察。這種被動不在於你的決心、意志或戒律；察覺我們並不被動是個開始，覺察到我們對一個特定的問題想要有一個特定的答案，當然就是個開始：去了解我們自己在這關係中的問題，以及如何去解決。然後如何反應，我們會有什麼樣的偏見、需要、祈求——這些覺察會彰顯出我們思考的過程、我們內在的本質，並從中有所解脫。

什麼是重要的呢，乃是不經選擇的覺察，因為選擇會帶來紛爭。選擇者是在困惑中，所以他才要選擇；如果他不困惑，就不需要選擇。只有困惑的人才會選擇他要或不要做什麼。**清楚、單純的人不需要選擇，是什麼就是什麼。**基於某種想法的行動，顯然就是選擇性的動作，這種動作是不自由的；它反而會造成更進一步的阻力、更進一步的抵抗。

重要的是要時時刻刻的覺察，但不要把覺察所帶來的經驗累積起來，因為你一累積，以後的就只會依照那種累積、那種模式、那種經驗去覺察。也就是你以後的覺察會受累積影響而調整，那就不再是觀察，而只是演繹。有演繹就有選擇，而選擇創造紛爭；在紛爭中不會有真正的了解。

生活即是關係，而要了解這種並不停滯的關係，就要用一種柔軟的覺察，一種警醒的被動，而不是攻擊性的主動。如我所說，這種被動的覺察不是經過任何形式的戒律、任何的練習而來。僅僅是時時刻刻的去覺察我們的思考和感覺，不只是我們清醒的時候；因為我們會發現，當我們更加深入後，我們會開始作夢，我們會開始將各式各樣演繹為夢的符號全部揚棄。就這樣，我們打開了通往隱藏的門，變成已知；但要找到未知，我們還必須超越那扇門，這是我們的困難所在。真實不是心所知道的事，因為心是已知，是過去的結果；所以，心一定要了解本身和自己的作用、自己的真理，只有到那時候，未知才可能**出現**。

13 慾望 Desire

對大多數人而言，慾望確實是個問題：對財產、職務、權力、舒適、永生、持續、被愛的慾望，永久、滿意、持續擁有，還有那些超越時間的東西。現在我要問，到底什麼**是**慾望？是什麼東西在催促、逼迫著我們？我不是應該對所擁有的或我們的模樣滿意，這些都僅僅是相對於我們的需要。我們試著了解慾望是什麼，我們可不可以試探性的進入到慾望裡，那樣就會帶來轉換，而且不光是以一個慾望目標替代掉另一個慾望目標，這就是我們一般所謂的「改變」，不是嗎？對某一個特定慾望目標不滿意，就找一個替代品，不斷的將我們的慾望目標轉移到另一個我們認為更好、更高尚、更精純的目標，但是不管多精純，慾望還是慾望，而在這慾望運動中有無止盡的掙扎，以及相對的紛爭。

所以，找出什麼是慾望以及它是否能夠轉化豈不是很重要？什麼是慾望？它不就是一種象徵及其感覺嗎？慾望是對獲得某一目標的感覺。有不具象徵及其感覺的慾望嗎？顯然沒有。這個象徵可以是一幅畫、一個人、一個字、一個名稱、一個影像、一個思考，帶給我們感覺，讓我們覺得我喜歡它或不喜歡它；如果這個感覺是愉悅的，我就想得到、擁有，抓住它的象徵並持續這個愉悅。隨著時間、隨著我們的傾向和強度，我改變了圖畫、影像、目標。我對某種愉悅形式厭了、倦了、煩了，所以我找尋一個新的感覺、新的思考、新的象徵。我拒絕舊的感覺而要一個新的，要新的話語、新的意義、新的經驗。我抗拒舊的而屈服在我認為更好、更高尚、更讓人滿意的新的之下。所以，慾望裡面有抗拒有屈服，還有誘惑；當然屈服在某種慾望象徵下通常代表著對挫敗的恐懼。

如果我觀察自身整個慾望的過程，會發現一直有個目標，指引我的心更進一步的去感知，而且這個過程涉及抗拒、誘惑和戒律。有領悟、有知覺、有接觸、有慾望，心念變成這過程的工具，圍繞著它的是全然以慾望為中心的象徵、話語與目標，全都建立在誘惑與野心之上，這個中心就是「我」。我能不能把這個中心化解掉——不是指某一個特定的慾望與慾求，而是它整個架構，在這當中恆常有對挫折的恐懼。我遇到的挫折越大，加在這個「我」上頭的力量就越強，只要有希望、有渴求，其背後就常會有恐懼，結果強化了那中心。

當我察覺到整個慾望的結構，就會看到我的心變成另一個死掉的中心，一個記憶的機械式過程。對自己的慾望厭煩之後，我會自動用另一個來滿足自己。我的心常常經歷著各種感覺，它是感覺的工具。對某一種特別的感覺厭煩之後，我就會尋找新的感覺，這可能就是我所稱的對神的了悟；但還是一種感覺。我受夠了這個世界及它帶來的陣痛，我想要平靜，長久的平靜；所以我冥想、控制，我塑造我的心以便經歷那種平靜。這平靜的經歷還是一種感覺。所以我的心是感覺、回憶的工具，一個我所行所思的死掉的中心。我追求的目標是做為象徵的心的投射，從中攫取感覺。「神」這個字、「愛」這個字、「共產主義」這個字、「民主」這個字——這些都是心所感受的象徵，所以心會緊抓著它們不放。你我都知道，每一個感覺都會有終點，所以我們從一個感覺進到另一個感覺；而每一個感覺都加強了追尋更進一步感覺的習慣。這樣，心便成了只是感覺和記憶的一種工具，在那個過程中，我們被抓住了。只要心還在追求進一步的經歷，它就只能用感覺的方式去思考；任何可能是自發的、創造的、基本的或嶄新的經歷，立刻降格成感官的感覺，並去追求那種感覺，然後變成一種記憶。所以經驗死亡了，心因而成為只是過去的一灘死水。

如果我們去深層的探索，會對這過程很熟悉，我們也很難去超越。但我們**想要**超越，因為我們厭倦了這種無止境的循環，這種機械式的對感官的追求；所以心投射了真理與神；夢想有個徹底的改變，並在這改變中扮演主要角色，就這樣重複下去，也就永無創造。在我自身，我看到慾望的進行是機械性的、重複的，使其在一個例行的過程中成為過去的死亡中心，裡面沒有創造性的自動自發。偶爾也會有突發的創新時刻，但那不是出自於心，不是出自於記憶，更不是出自於感覺或慾望。

所以，我們的問題是去了解慾望——不是它可以發展到哪裡或者它應該終止，而是了解我們整個慾望、渴望、期待以及那燃燒的欲求。我們大多認為只要我們擁有得少就是擺脫了欲求——我們多麼崇拜那些只擁有一點點東西的人啊！一條纏腰布、一件袍子象徵著我們想要擺脫慾望的慾望；這再次呈現這只是一種非常膚淺的反應。當你的心被無數的願望、無數的慾望、信仰、奮鬥輾軋時，為什麼是膚淺的從放棄外在的擁有開始呢？**改革當然是要發自內心，而不是從你擁有多少或你穿什麼樣的衣服、吃多少餐。只因為我們的心非常膚淺，就只能對這些留下印象。**

我們的問題是去了解心能否從慾望、從知覺中解脫出來。確實，創新和感知沒有關係，真實、上帝或任何你想的，不是一種可以像感知一樣去經驗的狀態。當你有一種經驗，之後呢？它給你某一種感知，得意或失意的感受。你很自然的會避開失意的狀態，去追求愉悅的、得意的感知。你的經驗產生一種快樂的感受，你就想要更多；而這個「更多」強化了心的死亡中心，它永遠渴求著更進一步的經歷。於是心不會經歷任何新的經驗，它**無法**去經歷新的經驗，因為它面對的都是透過記憶、透過認知而來的；由記憶認知的不是真理、不是創造、不是真實。這樣的心不能經歷真實；只能經歷感知，而創造並非感知，它是時時刻刻都在持續更新的。

現在我了解自己的心靈狀態了，我知道它是感知和慾望的工具，或者更進一步說，它**就是**感知和慾望，而且會機械性的陷入例行慣性。這種心是不可能接受或感覺到新的；因為新永遠超越舊的感知，所以這種機械式過程和它的感知一定要告一段落。只有在那種時候，心才可能處於創新狀態。如果你沒有被文字、習慣、觀念催眠，你就會了解到心有新的、持續性的衝擊是多麼的重要，然後，或許你就會了解慾望、慣性、厭煩及經常性的渴求。之後，你就會開始看到對於一個真正在尋求的人，在其生命中，慾望其實沒有什麼意義。很明顯的有一些物質上的需求確實存在：食物、衣著、居住和其他的一切，但它們絕不會變成心理上的欲求。超越了物質的需求，任何形式的慾望——要偉大、要真實、要有德行——變成心建立「我」

這個觀念的心理過程，並在其中心不斷的加強自我。

當你看到這個過程，當你不帶對立、不帶誘惑感、不帶抗拒、不帶判斷或批評的察覺時，就會發現心可以接受新的，而這新的絕非感知；所以無法重新被認知、重新被經歷。不用鼓勵與記憶，創造的狀態自然會出現。這是千真萬確的。

14 關係與孤立
Relationship and Isolation

生活是經驗，在關係裡頭的經驗。人沒有辦法生活在孤立中；所以生活是關係，而關係是行動。人怎能了解關係即是生活呢？關係不就意味著與別人之間的溝通以及與事物、思想之間的一種親密嗎？生活即是關係，它經由與事情、與人、與思想的接觸來表現。在了解關係時，我們要有充分面對生命的能力，但我們的問題不是能力——因為能力不是獨立於關係之外——而是對關係的了解，這種了解自然會產生瞬間柔軟、瞬間調整、瞬間回應的能力。

當然，關係是一面你發現自己的鏡子，沒有關係你就不存在；存在就產生關係，產生關係就是存在。你只在關係中存在，否則你就不存在，生存就沒有了意義。不是因為你**認為**你存在你就存在，你存在是因為你產生了關係，而缺少對關係的了解就導致了紛爭。

現在我們並不了解關係，因為我們只把關係當成進一步的成就、進一步的轉化、進一步的變更。但關係的意義應該是自我發現，因為關係是為了**存在**，關係就是生存，沒有關係，我就不存在。要了解我自己，我必須了解關係，關係是一面鏡子，在那裡我可以看到我自己。那面鏡子也會被扭曲，或是說它「好像」會反射出那個存在的**原貌**。但我們大部分的人在看關係這面鏡子的時候，都只看我們**想**看的；不去看**真相**。我們寧願理想化、逃避，我們寧願生活在未來，而不願去了解當下的關係。

如果檢視我們的生活、我們跟別人的關係，會看到它是一個孤立的過程。雖然我們說了一大堆，但我們並不是真正的關心別人，所以事實上我們並不關心；我們關心一個人，僅僅只是在關心那能令我們愉悅的關係，那能給我庇護、使我滿意的關係。而當關係起了騷動，讓我們覺得不舒服的時候，我們立刻就拋棄這個關係。換句話說，只有我們滿意時才有關係。這聽起來可能刺耳，但如果你真正的、嚴密的檢視你的生活，你會發現這是事實；要避免這個事實就要生活在無知當中，這樣就絕不會產生正確的關係。如果我們透視我們的生活來觀察關係，就會看到關係是對別人建立抗拒的一個過程，一道我們可以看著、可以觀察別人的牆；我們老是要維持著這道牆並留在身後，不管它是一道心理上的牆、物質的牆、經濟的牆或國家的牆。只要我們生活在孤立中，在牆後面，就和別人沒有關係；我們封閉的生活著，因為這樣愉快得多，我們認為這樣安全多了。世界如此分裂，存在著那麼多的悲傷，那麼多的痛苦、戰爭、破壞、悲慘，我們想逃避並生活在我們自以為安全的心牆內。對我們大多數人來說，關係實際上是一種孤立的過程，而透過這種關係所建立起來的社會也是孤立的，舉世皆然：你留在你的孤立當中將手伸過牆去，稱之為國家主義、兄弟之邦，或任何你所想要的稱呼，但實際上獨裁的政府和軍隊仍然存在。依舊緊抱著本身侷限的你，你以為你能創造世界的統一和平——那是不可能的。只要你有疆界，不管是國家、經濟、宗教或社會的，世界就沒有和平。

孤立的過程是尋求權力的過程；不管是個人、或整個族群、或整個國家的追求權力，它一定會形成孤立，因為對權力、職位無窮的慾望就是分離主義，畢竟那是每一個人想要的，要一個有權力的位子，以便能支配，不管是在家裡、在辦公室，或是官僚體系。每個人都在追求權力，在追求權力的過程中，他會建立一個以權力、軍事、工業、商業等等為基礎的社會。對權力的慾望本身即具備了孤立的特質。一個想要世界和平，沒有戰爭、沒有駭人的毀滅、沒有大規模災難性痛苦的人，就必須有此認知。一個誠摯的、仁慈的、沒有權力感的人，他就不會被任何國籍、任何旗幟所束縛，因為他沒有旗幟。

世上並無離群索居這回事——沒有國家、沒有人民、沒有個體可以孤立的活著；然而因為你以各種不同的方法追求權力，反而產生了隔絕。國家主義是個禍源，因為經由他極端的擁護國家主義、愛國精神，創造出一面隔絕的牆。他是如此認同他的國家，以至於建造了一面對抗他人的牆。當你建造出一面牆來對抗某些事情後會如何呢？這些事情會不斷的衝擊你這面牆。當你對抗時，對抗本身就指出你和其他人的衝突。所以國家主義是一種隔離的過程，是追尋權力的產物，在這世界上是不可能帶來和平的。國家主義的人談論兄弟情誼是騙人的；他根本是生活在對立的狀態之下。

人可以生活在沒有權力、職位、權威渴望的世界中嗎？顯然有一種人可以，就是不把自己同化於某個更大的事物的人。這種認同於更大的目標——政黨、國家、種族、宗教、神明——的行為，就是在追尋權力。**因為你內心是空虛、愚鈍、脆弱的，所以你會想要同化於更大的事物。這種同化於更大目標的渴望，就是對權力的慾望。**

關係是一種自我揭露的過程，不了解自己、不了解自己的心智和心靈運作之道，僅只是建立外在的一個秩序、一個系統、一個狡猾的公式是沒有意義的。重要的是了解自己與別人的關係，如此關係就不會變成一種孤立的過程，而是一種活動，在其中你可以發現你自己的動機、你自己的思想、你自己的追尋；而那樣的發現是解放的開始，是轉化的開始。

15 思考者與思考 The Thinker and the Thought

在我們的經驗裡，總有著經驗者或觀察者，或者為自己累積得越來越多，或者否決掉他自己。那難道不是一種錯誤的過程、一種不會帶來創新狀態的追尋嗎？如果它是錯誤的過程，我們能不能完全把它抹滅、丟到一邊去呢？只有在我自己經歷，不是像一位思考者那樣去經歷，而是在經歷的過程中，仍能察覺到這個錯誤的過程，並且知道這時唯有思考者和思考合而為一的狀態時，才可能出現。

只要我還在經驗、還在轉變中，就一定有這種二元化行動；一定有思考者和思考，兩個分別的過程在運作；沒有整合，總是有一個中心透過要或不要的行動意願在運作著——集體的、個人的、國家的等等，舉世皆然，都是這個過程。只要把我們的努力分成經驗者和經驗，就一定會墮落。只有當思考者不再是觀察者時，整合才會存在，也就是說，現在我們知道有思考者和思想、觀察者和被觀察、經驗者和被經驗；有兩種不同的狀態，我們的努力就是把兩者連結起來。

行動的意願往往是二元化的，可不可能超越這分離的意願而發現一種二元化行動不再的狀態？只有當我們直接去經驗思考者和思想合為一體的狀態時才可能出現。我們寧願相信思想是與思考者分開的。如此，思考者就能透過他的思想來解釋事情。思考者是要努力變得更多或更少；之後在奮鬥過程中、在意志的行動中、在「轉變」中，總會有墮落的因子；結果我們追求的是錯誤的過程，不是真實的過程。

那麼在思考者和思想之間到底有沒有區別？只要它們是分開、分離的，我們的努力全都是白費；我們就在追求一個破壞性、也是退化因子的錯誤過程，我們認為思考者和思想是分離的，當我發現我是貪心、佔有慾強和粗暴的，就會想我不應該是這樣的人，思考者於是試著改變他的思想，努力於「轉變」；在那努力的過程中他追求錯誤的幻影，以為有兩種過程，但那只是一種過程。我認為其中就有墮落的因素在。可不可能去經驗只有一個實體而不是兩種過程的狀態，也就是分為經驗者和經驗呢？我們也許應該找出什麼是創造性的，找出人在任何時間、任何關係中都不會墮落的狀態。

我是貪心的，我和貪心並非兩種不同的狀態；只有一件事，那就是貪心。如果我察覺到我是貪心的，會怎麼樣？我會做一些努力，讓自己變得不貪心，不管是為了社會的理由，還是宗教的原因；這種努力總是在一個有限的小圈圈裡；我可能可以稍微伸展一下圈圈，但有限墮落的因素還在那裡。當我看得更近、更深，我會看到這個努力的製造者就是貪婪的原因，是貪婪的本身；我也會看到沒有「我」和貪婪是分別存在的。如果我了解我就是貪婪，並沒有一個叫做貪婪的觀察者，而是我本身就是貪婪，那我們整個問題就完全不一樣了；我們的反應也完全不一樣了，努力也就不是破壞性的了。

當你整個人以及你所採取的任何行動都是貪婪的，你會怎麼樣？不幸的是，我們並不循著這些方向去想，有一個「我」、一個優越的存在、一個控制、支配的戰士，對我而言，那就是破壞性的過程。它是個幻影，而且我們知道為什麼要這樣做。我把自己分高低，以便能夠持續下去。如果只有貪婪，從頭到尾沒有「我」在運作這貪念，我整個人即為貪婪，那會怎麼樣？當然那會有一個完全不同的運作過程，會產生不同的問題。那是個創造的問題，其中沒有「我」支配或改變，不管是正面或負面的，想要有所創造，就得進入這樣的狀態中。如果我們能了解這些來做為直接經驗，你將會看到一個完全不一樣的因子出現。

16 思想可以解決我們的問題嗎？
Can Thinking slove our Problems?

思想並沒有解決我們的問題，將來也無法解決，我們依靠智能為我們找到走出繁複的道路，智能越圓滑、越討厭、越狡猾，系統、理論、想法就越多樣化，而觀念並無法解決我們一般凡人的問題；以前不能，以後也絕對不能。心無法解決什麼；思想的方法也無法使我們脫困。對我來說，應先了解思想的過程。

思想沒有解決我們的問題。智者、哲學家、學者、政治領導人並沒有解決任何人民的問題——也就是你和別人、你和我自己之間的關係。目前為止，我們用心靈、智慧幫助我們查看這些問題，希望能找到解答。思想能解決我們的問題嗎？思想是有條件的嗎？除非在實驗室或畫板上，否則不都是自我保護、自我延續？它的行為不都是以自我為中心嗎？這種思想能解決任何思考本身所產生出來的問題嗎？製造出問題的心靈，還能解決它自己惹出來的事情嗎？

當然，思想是一種反應，如果我問你問題，你回應它——依照你的記憶、你的成見、你的素養、你的風格、你整個狀況的背景來回應它，你有所根據的回應、有所根據的思想。這整個背景的中心是行動過程的「我」。只要不了解這個背景，只要不了解這種思考過程，不了解製造出問題的自我，並且畫上句點，不管內在或外在，在思想上、情緒上或行動上我們就注定會有紛爭。沒有任何解答，不管多聰明、不管想得多周到，都不能為人與人、你與我之間的紛爭畫上休止符。了解了這一點，察覺到思想是從什麼源頭、怎麼跳出來的，我們會問：「思想會不會有個終點？」

這是問題之一，思想能不能解決我們的問題？想想這個問題，你解決它了嗎？各式各樣的問題——經濟、社會、宗教——曾經確實被思想解決過嗎？日常生活中，你越想這個問題，它就變得越複雜、越不實在、越不確定。在想出這問題的某一個面向時，你也許更清楚別人的觀點，但思想沒辦法完全、整體的看到問題——它只能了解一部分而一部分的答案並非完整的答案，所以它不是一個解答。

我們越去想一個問題，我們越去探索、分析、討論它，它就變得越複雜。可不可能總括性、整體性的看到這個問題？我們的問題倍增——有戰爭逼近的危險，有我們關係中各式各樣的騷動——我們怎麼可能把這問題看成一個整體來做總括性的了解？明顯的，只有在我們把它視為一個整體——沒有劃分、沒有區隔，問題才能解決。而什麼時候才可能？當然只有在思想的過程結束後——從「我」、自我、傳統、狀況、偏見、希望和絕望的背景中發源的過程。我們能不能不藉由分析，而是透過看待事情的本質，察覺到它是個事實，並非由理論而了解這個自我呢？——不是為了得到一個結果去尋找怎麼分解自我，而是在持續的行動中看著這個自我、這個「我」？我們能不能只是**看著**它，不做任何破壞或鼓勵的動作？如果我們每一個人，「我」這個中心不存在，外加其對權力、地位、權威、延續、自我保護的渴望也不存在，那我們的問題肯定能夠畫上句點！

自我是個思想無法解決的問題，一定有一種無關乎思想的察覺，去覺察自我的行動，沒有責難、沒有批判——僅僅是覺察而已。如果你的覺察是為了要找出**如何**解決這個問題、為了轉化、為了產生一個結果，那你就仍然在自我、在「我」的範圍內。只要我們還在追求結果，不管是透過分析、經由覺察、經由不斷地檢驗每個思想，我們就仍然在思考的範圍，也就是「我」、「自身」、本我或隨便你要稱為什麼的範圍內。只要有心的行動存在，就不會有愛。有愛的話，就不會有社會的問題，但愛不是去爭取得來的，心可以尋找並得到它，像一種新思想，一種新的小玩意，一種新的想法；但只要思想還在爭取愛，心就不可能在愛的狀態下。只要心靈還在追求如何能不貪婪，那麼它就仍是貪婪。同樣的，只要心裡希望、渴望並為了愛而付諸實行，它當然也同時在抗拒那種狀態，不是嗎？

要了解這些問題，我們必須有一個安定、平靜的心靈，心靈才能沒有干擾、不具理論、非常專注的來正視這些問題。欲了解，就不要去想，只是專注的看著它。我一開始去想，對它有想法、有意見，就已經在分心的狀態中，不再看那件我必須了解的事情了。所以，當問題出現時，思想就會變得散亂——思想是一種觀念、意見、判斷、比較——它妨礙我們去看問題以至於無法了解問題、解決問題。不幸的，思想對我們大部分人來說，已經變得那麼重要，你會說：「沒有思想，我要怎麼生存、活著？我怎能有個空白的腦袋？」擁有一顆非常平靜、不被它自己的思想所困擾、非常開放的心靈，才能非常直接、非常單純的看待問題。

這樣的心不是結果，不是練習、冥想、控制的極端產物，不是透過某種形式的戒律、強迫或淨化而來，沒有任何「我」或思想的努力；當我們了解整個思想的過程——當我能夠完全不分心的看到事實時，就會出現。在那種心真的平靜的安寧狀態下才有愛，而唯有愛本身才能夠解決我們人類的所有問題。

17 心識的功能
The Function of the Mind

當你觀察自己的心識，你觀察的不只是所謂心識的表層，你還會看到無意識；你看它到底在做什麼。那是你唯一能夠探索的方式。不要告訴它**應該**做什麼，它**應該**要怎麼樣思考或運作等等；當你認為心應該這樣、不應該那樣時，你就停止了探索及所有進一步的思考了；或者是你賦予了它更高的期望，那你也就同樣停止了思想，不是嗎？如果你期望的是菩薩、基督或 XYZ，那你就終止了所有的追尋、思考或探索。所以一個人必須要有警戒，別去期望。如果要和我一起探索這個問題，先將這些微妙的心理擺到一邊。

心識的作用是什麼？想要知道，必須先了解心到底在做什麼。你的心是怎麼運作的？那是一個思想的過程。否則心就不存在了。只要心不在思考，不管有意識還是無意識的，就都沒有意識了。我們必須找到在我們每天生活中所用的心，也就是我們大部分的人均無意識的那顆心，但其實和我們遭遇到的問題相關聯。我們要看它原貌、而不是它應有的面貌。

那麼，在運作的心是什麼樣的心？實際上它是一種孤立的過程。基本上那就是思想的過程，以孤立的方式思考，卻又是整體的。當你觀察自己的思想，就會發現它是一個孤立的、破碎的過程。你依照你的記憶、你的經驗、你的知識以及你對信仰的反應去思考。如果我說要有個徹底的改革，你會立即反應。如果不管在精神方面或其他方面你的現況都不錯，你就會反對「改革」。你的反應是依據你的知識、信仰或經驗，那是個明顯的事實。反應有好幾種型式，你說：「我要像兄弟一樣」、「我要合作」、「我要友善」、「我要親切」等等。這些是什麼？這些全都是反應；但基本上思想的反應是一個孤立的過程。你是在看自己的心，你們每一個人都是，也就是說，是在看你自己的行為、信仰、知識和經驗。它們帶來安全感，帶給你思想過程中的力量。這過程只加強了「我」、心、自我。我們所有的宗教、社會規範、法律，都是支撐個人、個體、個別行動的，相對於它的就是集權制度。如果你深入無意識去看，也有同樣的過程在運作。在那裡，我們集體受環境、趨勢、社會、父親、母親甚至祖父的影響。在那裡，想要為個人，為「我」主張與支配的慾望又出現了。

心識的作用，如同日常運作的，就是一種孤立的過程。你不是在追尋個人的救贖嗎？未來你會成為一號人物，或這一生中你會成為一個偉人、一位大作家。我們整體都是趨向於分離的，心除了這些還能做別的嗎？心有可能不以分離的方式、自我封閉的型式、破碎的方式去思考嗎？不可能的。所以我們崇尚心；心是這麼的重要。你難道不知道當你稍微機伶、稍微警醒、稍微累積了一些訊息、知識的時候，在社會上就變得多重要嗎？你知道你多麼崇拜那些才智上的優越者、那些律師、教授、演說家、偉大的作家、辯論家和解說員！你已經耕耘了你的才智和心靈。

心識的功能就是變得分離，否則你的心就不在那裡。耕耘了這個過程幾世紀後，我們發現我們不能合作；不管是經濟上或宗教上，我們只能被督促、強迫，被威權、懼怕所驅動。如果那是事實，不僅是意識上，而且是在更深的層次裡，在我們的動機、我們的意圖、我們的追尋裡，那麼怎麼可能有合作呢？才智之士怎麼可能團結起來去做一些事情呢？因為那幾乎是不可能的，宗教和有組織的社會團體就強迫個體遵守特定的紀律模式。如果我們想團結起來、一起去做一些事時，紀律就變得無可避免。

在我們能了解如何超越這分離的想法，如何超越這強調「我」、「我的」過程之前，不管是用整體或個別的形式，和平是不會到來的；衝突和戰爭會不斷的發生。我們的問題在於如何將這思想的分離過程終結掉。透過言辭和反應的過程，思想會摧毀掉它自己嗎？思想除了反應之外，什麼都不是，思想是沒有創造性的，這樣的思想能為自己劃上休止符嗎？那正是我們想要找出來的。當我們這樣想：「我要有紀律」、「我要更恰當些」、「我要這樣或那樣」時，思想就在強迫它自己、督促它自己、規範它自己去做或不去做某些事情，那不就是個孤立的過程嗎？

你如何終結思想？或乾脆說這孤立的、破碎的、局部的思想是怎麼終結的？你如何處置它？你所謂的戒律會摧毀掉它嗎？這麼多年來你都沒有成功，否則你就不會在這裡了。請檢驗一下戒律的過程，那只不過是思想的過程，其中有征服、鎮壓、控制、支配——這些通通影響到無意識，在你長大後自我主張為紀律。在毫無目標的嘗試多年後，你一定已經發現，戒律顯然不是摧毀自我的步驟，自我無法經由戒律來摧毀，因為戒律是一種加強自我的過程。然而，我們所有的宗教都支持它，所有的調停、主張都以它為基礎。那麼知識能不能摧毀自我？信仰能不能？換句話說，任何我們現在做的，任何我們現在從事於尋找自我之根的活動，成功過嗎？那些基本上都是思想過程，也就是孤立或反應過程上的一個浪費。當你徹底或深刻的了解思想不能終結自我後怎麼辦？會怎麼樣？觀察你自己，當你完全體會這事實後會發生什麼事？你知道任何反應都是條件式的，而透過這樣的調整，不管是在開端或是終點都沒有自由——自由通常是在起點而不在終點。

當你了解任何反應都是條件調配下的一個形式，然後讓自我以不同的方式延續下去，到底會發生什麼事情？信仰、知識、紀律、經驗，達到一個結果或一個終點的整個過程、野心、現在或未來會變成什麼——這些都是孤立的過程，它會帶來滅亡、悲慘、戰爭，它無法經由集體的行為逃遁，反而大有可能被集中營及其他一類的事物所威脅。你了解真相了嗎？當你說「是這樣啊」、「那是我的問題」、「那就是我的現況」、「我知道知識和紀律能做什麼，野心在做什麼」時，是種什麼樣的心態？如果你看清楚了，那就表示有個不同的過程在運作了。

我們看到才智的方法，卻沒看到愛的方法，愛的方式不是透過才智而發現的。才能，和它所有的分枝，和它所有的慾望、野心、追尋，必須在愛到來時終結。**你難道不知道當你去愛，當你合作時，你就不再只想你自己了？**那是才智的最高形式——不是你以一個優越的個體，或站在一個好位子上去愛，那不過是恐懼而已。當你有了既定的利益，就不會有愛了；只有剝削的過程，它會產生恐懼。愛只有當心不存在的時候才會出現，所以你一定要了解心識的整個過程，了解心識的功能。

只有當我們了解怎麼去愛人的時候才會有合作，才會有智慧的運作，一起超越任何問題。只有在那時候才可能知道神是什麼，真理是什麼。現在我們想透過才智、透過模仿找到真理——那只是偶像崇拜。唯有當你透過了解，完全拋棄整個自我的結構，才可能出現永恆、無時間性與無可限量。你無法靠近它，是它自己過來。

18 自我欺騙

Self-deception

我願意討論或思索自欺的問題，一種讓心靈沉溺或者強加於本身及其他上頭的幻象，這是件非常嚴重的事，尤其在世界所面對的危機當中。為了明瞭自欺這整個問題，我們必須不僅僅從口頭層面上去了解它，更應從內在的、根本的、深入去了解。我們太容易滿足於字面上的你來我往；我們很世故，因為世故，我們能做的就是希望某件事會發生。我們都知道對戰爭的解釋無法停止戰爭，無數的史學家、神學家和宗教人士都解釋過戰爭，說明戰爭為何會存在，但戰爭仍然持續，可能還比以往更具毀滅性。我們之中那些真正關心的人一定要超脫文字，從我們自己身上去尋找基本的改革。這是唯一能為人類帶來持續、根本救贖的藥方。

同樣的，當我們討論這一類的自欺時，我認為我們應該警戒任何膚淺的解釋和應答，我們應該不只是聽一個人講，而是要如同在我們日常生活所知的那樣，緊追著問題不放；也就是說，我們在思考、行動中都應該注意自己，注意我們如何影響別人，注意如何從自身著手。

基本上，自欺的理由何在？我們有多少人確實知道我們在欺騙自己？在我回答「什麼是自欺、自欺是怎麼產生的？」這個問題之前，我們不是得先察覺我們是在欺騙自己？我們知道我們在自我欺騙嗎？我們這裡所說的欺騙是什麼？我認為這很重要，因為我們越自我欺騙，這欺騙的能量就越大；因為它帶給我們某種活力、某種能量、某種必要，讓我們更需要將欺騙加諸於別人。逐漸的，我們不僅會擅自欺騙自己，還會欺騙別人，這是自我欺騙的一種交互作用的過程。我們察覺到這個過程了嗎？我們以為我們可以很清晰、果斷、直接的思考；那我們有沒有察覺到在這思考過程中的自我欺騙呢？

思考本身不就是一種探索的過程？一種尋求證實、安定、自我保護，一種必須好好思考的欲求，一種得到職位、聲望及權力的渴望？這一類在政治上或宗教社會上的欲求，乃是自我欺騙的原動力。在我需求純物質必需品之外的東西的當下，難道不是在製造或帶來一種易於接受的狀態？舉個例子來說：許多人對死亡之後的世界很感興趣，年紀越大，興趣越高。我們想知道它的真相。那我們怎麼去找？當然不是藉由閱讀也不是藉由不同的解說。

你怎麼去找？首先你要將心裡進行的每個因子洗滌乾淨——每個希望，每個想延續的慾望，每個要知道另一個世界的那種欲求都洗滌乾淨。因為不斷尋求安全的心，就有延續的渴望和對成就以及未來的存在抱持著希望。這種心理，雖然是在追求死後生命、輪迴或不管是什麼的真理，事實上是不可能找到真相的。重要的並不在於輪迴轉世是不是真的，而是心靈如何經由自欺在尋求證實一個可能存在或不存在的事實。面對這個問題時的你是出於什麼樣的動機，什麼樣的動力、什麼樣的渴望呢？

沒有人能把自欺強加在追尋者身上，除了他自己。我們創造了自欺然後變成它的奴隸。自我欺騙的根本因素，就是希冀在這世界或來世中成為什麼的一種不間斷的渴望。我們知道，在這個世界上想要成為什麼的結果，會造成全盤的混亂；每個人都在跟別人爭，每個人都以和平為名來毀滅別人；你知道我們和別人玩的這整個遊戲就是一種自欺的極端形式，同樣的，我們在另一個世界裡也想要安全，要一個位子。

所以，一有這股想成為或達到什麼的動力，我們就開始欺騙自己，要讓心從它之中解脫是非常困難的，那是我們生命中的根本問題之一。可不可能安於在這世上做個小人物？這樣才有可能擺脫所有的欺騙，因為只有在那時，我們的心識不是在尋求一個結果，不是在尋找一個滿意的答案，不再追求任何形式的驗證，不再追尋任何形式、任何關係的安全。

只要我們用任何形式來欺騙自己，就不會有愛。只要心靈創造並強加一個妄想在自己身上，就會使得本身和集體或整合的了解分離。我們不知道怎麼去合作，我們所知道的只是我們試著一起努力，朝一個能使我們兩人都存在的終點前進。只有當你、我都沒有那種思想來製造一般的目標時，才有合作。如果你我有想要成為什麼的慾望，那麼信仰和其他的一切就會變得必須，以自我為目標的烏托邦就會變得不可或缺。但是如果你我只做無名的創造，沒有任何自欺，沒有任何信仰和知識的柵欄，沒有安全的渴望，那才是真正的合作。

我們可不可能合作，可不可能不預設目標的在一起？你和我能不能在一起工作而不尋求一個結果？那肯定才是真正的合作，不是嗎？如果你我一起思考、一起工作、計畫一個目標，一起朝那個目標努力，那麼過程中會涉及什麼呢？我們的思想、我們的心靈就會交會；但情緒上，整個人卻可能會產生對抗，於是帶來了欺騙、帶來了你我間的紛爭，那是在我們日常生活的現實。理智上，你我同意在一起，但在潛意識的深處，你我卻在互相鬥爭。我想要一個能讓我滿足的結果，我想要主宰；我想要排名在你之前，雖然我說要和你在一起。所以我們雙方，那計畫的創造者，實際上是彼此對立的，儘管表面上我們都互表同意。

你我是否能夠在一個我們都是無名小卒的世界中合作、往來、共同生活，是否能夠確確實實、不僅是膚淺而是根本上一起合作。這是我們的大問題之一，也許是最重要的。我認同於一件事物，你也認同；一件兩人都感興趣的事物，我們兩人都想要把它引進生活。這樣的思想過程是非常膚淺的，因為透過認同，我們會帶來隔離。你是印度教徒，我是天主教徒；我們都提倡兄弟情誼，但我們卻老是在爭執。在無意識的深層裡，你有你的信仰，我有我的。在內心深處，我們彼此還是對立的。

在我們消融這些自我欺騙、帶給我們活力的柵欄前，你我之間不可能有合作，透過認同於一個團體、特定的思想或特定的國家，絕對無法帶來合作。

信仰不會帶來合作；相反的，只會帶來分化。我們看到一個政治黨派如何反對另一個，每個黨派都相信有一種解決經濟問題的特定方式，結果都和另一個黨派發生鬥爭，他們並非沒決心要解決，好比說飢餓的問題，他們關心的是解決這問題的理論。他們並非真正關切問題本身，只關心解決問題的方法。兩者之間一定有爭論，因為他們在乎的是想法而不是問題。同樣的，宗教人士也彼此對立，雖然口頭上他們都說彼此是一體的、只崇拜一個神；但內心的信仰、意見、經驗都在摧毀他們，分離他們。

在人與人的關係中，經驗變成分化的因子；經驗是欺騙的一種方式。如果我經驗過某件事，就會緊巴住它不放，我並未深入這經驗過程的整個問題，但只要我經歷過了，就認為夠了，便緊緊攀附著它不放；**透過這經驗，我強化了自我欺騙。**

我們的難處在於每個人都是那樣的認同於某種特定信仰、某種帶來快樂、經濟調整的特定模式或方法，我們的心已經陷入其中而無法深入問題；於是我們意圖以我們特定的方式、信仰或經驗來個別保持疏離。直到我們透過了解來解決——不只在表面上，也進入更深的層面——否則世上不會有和平。

真理不是要去獲得什麼，愛不會出現在企圖抓住愛的人，或者想認同於愛的人身上。這些東西肯定只有在心靈不去追尋，在你的心完全平靜，不製造它所仰賴的行動和信仰，不製造它可以從中攫取某種力量，才會出現。只有到那時候，心靈才不會在如何或不如何之間游離；也唯有那樣，才可能出現沒有任何一種欺騙的狀態。

19 以自我為中心的活動

Self-centred Activity

我想，我們大多數的人，都有知道各種形式的信念、各種誘導，都可用來對抗以自我為中心的活動。宗教，經由允諾、經由對地獄的恐懼、經由各種形式的譴責，已經試圖由各種方法，來說服人們遠離這種從「自我」中心產生的不間斷的活動。如果這些都失敗，政治組織就會接手，再度勸導，再度出現對烏托邦的無限冀望。各式各樣從有限到極致的立法——包括集中營等，各種方式都用來強化對抗任何形式的阻力，但是仍然無效。大部分的人理所當然的視以自我為中心的活動是天生的，是無可避免的，只能調整、修正或加以控制。現在，我們必須弄清楚，在察覺到這非比尋常的、以自我為中心的行動過程後，是否可以超越它。

要了解這以自我為中心的活動是什麼，就要先檢驗它、注視它、察覺它，不要演繹、不要修正、不要責難。我們的困難在於我們一意識到那活動，就想要塑造它，想控制它、非難它或修正它，我們很少直接正視它。而正視它時，又只有少數人有能力知道該怎麼辦。

我們了解以自我為中心的活動是傷害性的、破壞性的，而任何形式的認同——如認同於一個國家、一個特定的團體、一個特定的慾望，在這在那尋求結果、對一個理想的禮讚、追求一種典範、追求一種美德等等——基本上都是自我為中心的活動。我們和自然、和人、和理想的關係都是那種活動的產物。這一切的行為都必須自願告一段落——不強迫自己、不受影響與導引。

我們都知道這種以自我為中心的行動製造了不幸和混亂，但我們只在某個特定的方向上察覺到它。要嘛只注意別人的行為而忽略掉自己的，不然就是透過與他人的關係來察覺自己。我們想要替換掉它，我們想要超越它。在討論它之前，我們是不是應該先知道這個過程是怎麼來的？

這個以自我為中心的過程是時間的結果。在任何一個方面有這種中心活動，不管有意識或無意識的，都有時間運動，而且會意識到這過去、現在和未來之間的結合。「我」的自我中心活動是一個時間的過程，是讓中心活動，也就是「我」繼續下去的一種記憶。如果你看著你自己並察覺到這活動的中心，你就會看到那只是時間、記憶、經驗的過程，而且是根據你的某個記憶來演繹你每一個經驗；你也會看到自我活動是種認知，那也是個心識的過程。

心靈是否可能完全跳脫這些自我中心的活動呢？如果你能察覺這自我中心活動的整個過程，在意識各層面充分認識它，就會問這些活動有沒有可能終止。是否有可能不依照時間來想、不依照我將來會如何、我過去已經如何、我現在又是如何來思考？因為以自我為中心的活動便是從這些思考開始的；同樣的也開始了我要變、要選擇或要逃避的決心，這全都是時間的過程，我們在這些過程中，看到了無窮的不幸、迷惑、混亂、扭曲和變質。

沒錯，時間過程的本身不是改革性的，在時間的過程中沒有轉化；它是連續而無終止的，唯有認知一途。只有當你完全停止時間的過程、自我的活動，才會有改革、轉化、全新的浮現。

我不知道你們當中是否有人有過創造性的一刻。我不是說把某種願景化為行動，我指的是沒有認同的那種創造性時刻。在那一刻，「我」會在一個非比尋常的狀態中完全終止。

我們不需要追求真理，真理不在遠方。那是心靈的真理，心靈時時刻刻活動的真理。如果我們能察覺到這時時刻刻的真理，這整個時間的過程，這種察覺會釋放出意識或能量，那就是智慧、就是愛。但只要心靈利用意識當作自我活動，時間就會隨著它所有的迷思、所有的紛爭、所有的不幸和刻意的欺騙而存在；只有當心靈了解這全部的過程並完全終止，愛才會存在。

20 時間和轉化
Time and Transformation

我想先談一談何謂時間，因為我認為它的豐富性、美麗和意義是沒有時間性的、是真實的，只有當我們了解整個時間的過程後才能經歷，畢竟我們每個人都在用他自己的方式追尋一種幸福、充實的感覺。當然生命之所以有意義，充滿了真實的快樂，和時間是沒有關係的。像愛，這種生命是永恆的；而要了解它是沒有時間性的，我們就不能藉由時間，而是應該藉由了解時間來著手，我們絕對不能利用時間來做為一種達到、了解或理解永恆的方法。但大部分人的生活卻都是這樣：花費時間企圖抓住永恆的東西，所以了解我們所謂的時間是什麼很重要，因為那可能超脫於時間之外。了解整個的時間，而不只是其中的一部分。

了解我們的生命大部分都花在時間上很有趣——時間，不是按年代順序、分、小時、天、年的感覺，而是按心理記憶的感覺。我們隨著時間生活，我們是時間的結果。我們的心靈是很多昨日的產物，而現在不過是從過去到未來的一道橋樑。我們的心靈、我們的活動、我們的存在都是建立在時間上，沒有時間我們不能思考，因為思想是時間的結果，思想是許多昨日的產物，而且沒有記憶就沒有思想。

記憶是時間；因為有兩種時間，年代順序的和心理上的。有依照手錶表示出昨天和依照記憶來表示昨天的時間，你不能排斥先後順序的時間；那太荒謬了——你會錯過你的火車。但是否真有任何時間是完全脫離心理時間的呢？有像昨天一樣的時間，但有沒有像心靈想像的時間呢？有沒有心靈之外的時間？心理上的時間，就是心靈的產物。

沒有思想做基礎就沒有時間——時間只存在於記憶中，就如同昨天連結今天，也塑造明天，昨天的經驗記憶反應在創造未來的現在——它仍是思想的過程、心靈的道路。思想的過程帶來心理上的時間進展，但它是真實的嗎？像年代順序的時間一樣？我們能不能利用那個心靈時間做為了解永恆、沒有時間性的一個方法？

如我所說，幸福不是昨天的，不是時間的產物，幸福只在當下，是永恆的狀態。我不知道你有沒有注意到當你心醉神迷，擁有一種創造性的喜悅，在烏雲籠罩下，出現一連串朵朵明亮的白雲，在那個時刻是沒有時間的：只有即刻的當下。心靈在經歷過那個當下後，有了記憶，並希望延續它，自我的累積越來越多，於是創造出了時間。所以時間是被「更多」創造出來的；時間既是一種收穫，也是一種分離，但依舊是心靈上的一種收穫。所以僅僅是即時的規範心靈，將思想依情況調整在時間框架內，也仍然是記憶，當然無法反映出永恆的狀態。

轉化是不是和時間有關？我們多數人習慣性的認為轉化是需要時間的：我現在是這樣，將我現在的樣子變成我應該是的樣子需要時間。我是貪婪的，貪婪的後果就是困惑、對立、紛爭和不幸；要帶來轉化，成為不貪婪，我們認為時間是必要的，也就是說時間是被考慮為讓某事變得更好、變得如何的一種方法。問題是：某人是暴力、貪婪、嫉妒、易怒、邪惡或激情的，要轉化這樣的**真相**，時間真的是必要的嗎？首先，為什麼我們要改變**真相**，或帶來轉變？為什麼？因為我們對自己不滿意；那帶來紛爭、不安、還有不喜歡那種狀況，我們想要些更好、更高尚、更理想些。因為有痛苦、不適、紛爭，於是我們渴望轉化。紛爭會被時間克服嗎？如果你說會，那麼你還陷在紛爭之中。你可能會說要花二十天或二十年的時間才能擺脫紛爭，改變你現在的樣子，但在那段時間裡，你依舊處於紛爭中，所以時間並沒有帶來轉化。當我們以時間為方法來獲得某種品質、某種美德或某種存在的狀態時，我們只不過是在拖延或逃避**真相**而已。貪婪或暴力在人世的關係中引起痛苦與騷動，而意識到這種騷動的狀態，我們對自己說：「我要趕快擺脫掉它，我要練習不暴力，不嫉妒，要和平。」你認為你可以即時做到不暴力，克服紛爭嗎？處在紛亂中，你想要脫離它，這是時間、或是一段時間的結果嗎？顯然不是，因為在你達到非暴力的期間，你仍是暴力的，因此也還在紛亂當中。

我們的問題在，能不能在一段時間中克服紛爭、不安，不管是幾天、幾年或幾輩子？當你說「我要在一段特定的時間內練習不粗暴」時，會怎麼樣？就是這個練習指出你是在紛爭當中，不是嗎？如果你不抗拒紛爭，就不需要練習；你說為了要克服矛盾，對抗紛爭是必要的，而抵抗是需要時間的。但這抗拒紛爭的本身，就是紛爭的一種形式。你浪費精力在抗拒你稱之為貪心、嫉妒或暴力形式的紛爭中，而你的心靈依舊紛亂不堪，所以看出這種依賴時間做為一種克服暴力，進而擺脫它這種方式的錯誤，是很重要的，然後你才能知道心裡的騷動就是粗暴自身。

要了解任何事情、任何人類或科學上的問題，必須有一顆平靜的心。一顆急欲了解的心，並不是一顆獨占的心或想要專注的心——這又是一種抗拒的努力。如果我真正想了解某件事情，心識就會立即出現一種平靜的狀態。當你想聽一首你愛的歌，或看一張你有感覺的照片，你的心識是什麼狀態？立刻有一種平靜在，不是嗎？當你聽音樂時，你的心不會到處遊蕩，你就是在聽。同樣的，當你想了解紛爭，你就一點都不再依賴時間；你只要單純的去面對**真相**，也就是紛爭自身。那麼心靈會立刻出現平靜、安寧。你不再依賴時間做為一種轉化**真相**的方法，因為你看到了它的錯誤，然後你面對**真相**，充滿了興趣來了解它，你自然會有一顆平靜的心。在那機靈但被動的心識裡存在著理解。只要心還在紛爭、責難、抗拒、譴責中，就沒有了解。如果我要了解你，顯然我就絕對不能非難你。就是那平靜的心、安定的心，帶來了轉變。當心不再抗拒、不再逃避、不再摒棄或責難時，只是單純被動的去察覺時，那麼在被動的心識裡面，你就會看到轉化的出現。

改革只有在當下可能，不是在未來；重生就在今天，不是明天。如果你照我說的去試驗，你會發現立刻就有重生，一種全新的、新鮮的質素；因為當心識充滿興趣、具備意欲了解的企圖時，它總是平靜的。我們多數人的困難在於沒有那種了解的意願，因為我們害怕，如果我理解了，它可能為我的生命帶來變動，所以我們抗拒它。當我們利用時間或觀念來做為一種漸進的轉化時，那正是防禦機制在運作。

所以重生只可能存在於現在，不是在未來，不是在明天。當一個人依賴時間做為他可以藉此得到幸福、了解真理或神的一種方法時，他只是在欺騙自己；他生活在無知也就是在紛爭當中。一個看出時間不是擺脫我們困難的方法，而免於犯這種錯誤的人，自然有去理解的企圖；他的心是相當自動自發的，沒有強迫，不需練習。

當心識是安定的、寧靜的，不追求任何答案或解決之道，既不抗拒也不逃避——只有這時候才會有重生，因為這時候心識就能夠接收真理是什麼；那才是解脫的真理，而不是努力的爭取自由。

21 力量與了悟
Power and Realization

我們在社會、自己、個人和團體的關係上看到基本改變的必要；這改變是從何而來的呢？如果改變是遵循著心靈投射的模式、透過一個合理、精密研究的計畫，那就還在心靈領域內；所以，心靈盤算的變成了結果、變成了我們樂意為之犧牲個人與他人的願景，如果你繼續這樣，緊接而來的就是，做為人的我們，也僅僅只是心靈的產物，它意味著順應、衝動、野蠻、獨裁、集中營等所有的東西，當我們崇拜心靈時，就暗示了這一切。要是我看清楚戒律和控制毫無價值，要是我知道各式各樣的壓抑只會加強「我」和「我的」，那我要怎麼辦？

要充分思索這個問題，我們必須深入「何謂意識」。你有否想過，還是只引用了權威人士有關意識的言論而已？我不知道你是怎麼從自己的經驗、從你對自己的研究當中弄清楚這意識的涵義——不只是日常活動和追求的意識，還有隱藏起來，比較深層、比較豐富、想要觸及但也困難得多的意識。如果我們要討論這個在我們自己身上、然後推廣至世界的基本變化，而且在變化之中喚起一定的視野、狂熱、熱衷、信念、希望、肯定來給予我們採取行動所需的衝勁的話——假如我們想要搞清楚，不就需要深入這意識問題嗎？

我們看得清楚我們所謂的心智意識層是什麼嗎？是思想。思想是記憶的結果，形諸於語言；是將特定的經驗命名、記錄和儲存，以便能夠溝通；在這個層面上，還有各式各樣的壓抑、掌控、許可和戒律。這些我們都很熟悉，等我們再深入一些，就會發現所有競賽、隱藏動機、整體和個人的野心、偏見的累積，全部都是感受、接觸和慾望的結果，這全部的意識，隱藏及公開的，全都圍繞著以「我」、自我為中心的觀念。

當我們討論如何帶來改變時，我們說的通常是在一個淺層面上的改變。透過決心、結論、信仰、控制和壓抑，我們努力達到一個我們想要、我們企盼的表面結果，而且希望在無意識、在心靈更深層面的幫助下達到這個目標；所以我們認為打開自我的深度是必要的，但在淺層面與所謂更深的層面之間始終有紛爭在——所有的心理學家，所有追求自覺的人都充分了解這一點。

這內在的紛爭會帶來改變嗎？這難道不是我們日常生活最基本及重要的問題：如何為我們自己帶來徹底的改變？光在淺薄的層面上轉變能帶來改變嗎？對意識各層面、對「我」的了解，對打開過去、打開從小到現在的個人經驗、檢視父親、母親、祖先、種族的整體經驗、檢視我住的這個社會條件——這一切分析都會帶來改變，不單是順應而已。

一個人生命的基本變化是必要的——一個不只是出自反應、不單是壓力和環境要求束縛下的結果的改變，一個人要如何帶來這樣的改變？我的意識是人類經驗的總合，加上我和現在的特定接觸；那可以帶來改變嗎？對自己意識、活動的研究，對自己想法和感覺的察覺，把持住我的心靈以便不帶責難的觀察，那樣的過程會帶來改變嗎？透過信仰、透過肯定一個稱之為理想的心靈投射，會有所改變嗎？這一切不正意味著我目前的樣子和我應該如何之間的衝突嗎？紛爭可以帶來基本的改變嗎？在我自己體內，還有與這個社會，我一直都在戰鬥中，不是嗎？在我現在的模樣和我想要的模樣之間，始終紛爭不斷；這紛爭、這掙扎能帶來改變嗎？我已經看出改變是必要的，那我可以藉著檢驗整個意識過程、藉由努力、藉由規範、藉由實行各式各樣的壓抑帶來變化嗎？我覺得這樣的過程不能帶來根本的改變，關於這點，一個人得完全確定才行，而如果那個過程沒有辦法帶來根本的轉化、深沉的內在革命，那什麼會如何呢？

你要如何帶來真正的改革？帶來改革的力量、創造力是什麼，又要如何發揮出來？你試過了戒律，試過追求理想和各式各樣深思熟慮的學說：也就是說你是神，看你是否可以了解神性或者「神我」①、至高無上或者你想叫做什麼都行的經驗，那種體悟會帶來根本的改變嗎？首先，你理所當然的認為世上有個你也是其中一部分的真實在，然後再根據你所生活的各式各樣的理論、推測、信仰、教義、假想來鞏固它；根據那個模式來思考和行動，你希望就能夠帶來基本的改變，對不對？

假設，如同大部分所謂的宗教人士那樣，說在你體內，基本的、深入的存在著真實的本質；而假使透過美德的培養、透過各種形式的戒律、控制、壓抑、否定、犧牲，你可以碰觸到這份真實，接著就會出現轉化的需求。這種假定難道不仍是思想的一部分嗎？那不就是依照特定的方式、根據特定的模式思考的心識的結果嗎？創造了影像、觀念、學說、信仰、希望之後，你便期待你的創造會帶來這根本的變化。

一個人首先必須看到「我」、看到心靈那非比尋常的幽微活動，必須察覺到觀念、想法、臆測，並把它們全撇到一邊去，因為它們全都在騙人，不是嗎？其他人或許經歷過真實，可是如果**你**沒有經歷過，那麼臆測它或是想像你在某種真實、永生、神化的事物本質裡頭有什麼好處？那還是在思想的範圍裡，而任何從思想迸出來的東西都是有條件、都是時間的、記憶的；所以都不是真的。要是一個人真正了解了這一點——不是推測的、想像的、愚蠢的，而是真的看到任何在其推測追尋、在其哲學摸索的心靈活動，任何的推論、任何的想像或希望都只是自我欺騙的這個真相——那麼帶來這根本轉化的力量和創造能量到底是什麼？

或許到這一刻，我們必須運用意識心靈；我們必須追隨爭論，我們或反對或贊成，或看得清楚或看得朦朧。想要更進一步及了解更深入，需要一顆寧靜及警醒的心去把它挖掘出來，對不對？不再是追求想法，因為要是你追求想法，思想者便會跟在說出來的東西之後出現，於是你馬上製造出二元論，如果你想要更加深入徹底的改變這件事，活動之心安靜下來不就是必要的嗎？心識當然只有在安靜時，才能了解身為兩個個別過程的思考者和思想、經歷者和經歷、觀察者和觀察間莫大的困難和複雜的含意。改革，那心理上、創意上、其中無「我」的改革，只有在思考者與思想合而為一、沒有如思考者控制思想的二元性存在時，才會出現；而我提議的正是這經驗本身解放了創意能量，依次帶來基本的改革，打破了心理上的「我」。

我們知道力量之道——我們希望透過主宰的力量、透過戒律的力量、透過衝動的力量，透過政治力，能夠徹底的改變；可是這樣的力量只會衍生出更進一步的黑暗、崩解、邪惡，並強化了「我」。我們熟悉各式各樣的收穫，個人或團體的，可是我們從來沒有試過愛的方式，甚至不知道它是什麼意思，只要有思想者、有「我」之中心在，就不可能有愛，了悟了這一切後，一個人要怎麼辦？

唯一能夠帶來徹底的變化、創意、心理解放的事情，肯定是每日的留心、時時刻刻察覺我們有意識和無意識的動機，當我們了解戒律、信仰、理想只會強化「我」，所以徒勞無功——當我們日復一日的感知這一點，看到了其中的真理，難道不會目睹思考者持續和他的思想、觀察、經驗分離的中心點嗎？只要思考者與他試著主宰的思考分離存在，就不會有徹底的轉化，只要「我」身為觀察者，是收集經驗、透過經歷強化他自己，就不可能有基本的改變，不會有創造性的解脫，那種創造性的解脫只有來自思考者**就是**思想時——但是那之間的鴻溝不能靠努力來連結，當心了解到任何的推測、任何的口頭言詞、任何的思想模式都只會強化「我」，當它看到只要思考者和思考分別存在，就一定會有二元性的侷限和紛爭——在心了悟到那一點後，就會注意、持續的察覺它是怎麼與經驗、自我主張、尋求全力分開的，在那份察覺中，如果心能夠更加深入和廣闊的追求，但不具尋求結果、目標之意，那麼就會出現思考者和思考合而為一的狀態，沒有轉變、沒有想要改變的慾望；在那樣的狀態中，「我」就不再，因為已經有個不再是心的轉化。

只有在心空出來的時候，才有創意的可能性；但是我指的不是我們大部分人擁有的那種膚淺的空，我們大部分人都是膚淺的空，並且透過娛樂的渴望來展現，我們想要開心，所以打開書本、收音機，跑去聽演講、追求權威；一顆心總是塞得滿滿的，我說的不是沒有思想的那種空，相反的，我說的是透過非比尋常之思想，當心看到其創造幻象的能力，並且予以超越時而出現的空。

只要有思想者等著、看著、觀察著，以便收集經驗、強化它本身的話，就不可能有創造性的空，心有可能清空所有的象徵、所有的知覺文字，以致出現沒在累積的經驗者嗎？心有可能把所有的理由、經驗、哄騙、權威完全撇到一旁去，然後呈現空的狀態嗎？你當然沒有辦法回答這個問題；這是個你無法回答的問題，因為你並不知道，你從來就沒有嘗試過。但是，如果可以容我提議，傾聽它，讓問題與你接觸，讓種子種下；要是你真的傾聽，要是你不抗拒它，它就會結出果實來。

只有新的能夠轉化，舊的不行，如果你追求舊的模式，所有的改變都只是舊的持續修正；其中完全沒有新，沒有創造力。創造力只有在心本身是新的時候才會出現；而且心只有在有能力看到它自己的活動，不只在膚淺的層面，而是深入時，才能更新自己，當心看著它自己的活動，察覺到它自己的渴望、要求、迫切、追求，創造它自己的權威、恐懼；當它在自身看到戒律、控制所製造出來的抵抗，以及希望投射的信仰和理想——當心看到思想，察覺到整個過程時，它可以把這所有的一切撇到一旁去，呈現全新、創造性的空嗎？你會發現無論會或不會，都只有在你不帶意見、不想要經歷創造性狀態去嘗試時才會呈現，如果你想要經歷它，就會經歷到；但你所經歷的並非創造性的空，只是慾望的投射。如果你想要經歷新的，那你只是沉溺在幻象中而已；可是如果你開始觀察，開始日復一日、時時刻刻的察覺你自己的活動，像在一面鏡子裡看著你自己整個過程，然後，隨著你越來越深入，你便會面對這片空的終極問題，而在其中就只有全新而已。

真理、神或者隨便你要稱為什麼的東西不是經歷來的，因為經歷者是時間的結果、記憶和過去的結果，而只要有經歷者，就不可能有真相，心只有在完全擺脫分析者、經歷者和經驗所得時，才可能完全自由，然後你才會找到答案，看到改變不求自來，創造性之空不是培養而來的東西——是原本就在、暗暗的來、沒有受到任何邀請；只有在那樣的狀態中，才有重生、全新、脫胎換骨的可能。

譯註

①梵文 atman，標準中文譯法是第一人稱的代名詞「我」，更詳細的意思則是指某種代表自我「特定的實體」，所以也翻譯成「我者」、「己」「自性」、「自身」、「體性」、「己性」、「神識」、「幻」、「其」等等。

Questions And Answers

問題：你說目前的危機是史無前例的，那是怎麼個例外法？

克里希那穆提：目前舉世的危機顯然是史無前例，在我們的歷史上，不同的階段有著各式各樣不同的危機，社會、國家、政治的，危機來來去去；經濟蕭條、不振、復甦、調整、以不同的模式繼續發展下去，我們都知道；我們都很熟悉這樣的過程，但目前的危機肯定是不同的。其不同首先在於我們不是跟金錢或實質的東西周旋，而是與觀念相對。這個危機是個特例，因為是在觀念的領域內，我們是在跟觀念爭論，把謀殺正當化；我們正在世界各地正當化謀殺，把它視為達到一個正確結果的方法，那是史無前例的。以前邪惡就被視為邪惡，謀殺就被視為謀殺，但現在謀殺卻變成達到一個高尚結果的方式，不管是針對一個人或一個團體進行的謀殺都被合理化，因為單一兇手或一群兇手代表將謀殺合理化為達成目的的方法，一個對人有利的結果，也就是說我們為未來犧牲了現在——而只要我們所謂的目的，能夠創造出一個我們能自圓其說是對人類有利的結果，那用什麼方式就都沒關係，這涵義就是說錯誤的方法會創造出正確的結果，而你正透過觀念把錯誤的方法給正當化，在過去發生的各式各樣的危機中，議題都是對事或人的剝削；現在則是觀念的剝削，危害大得多，也危險得多，因為觀念剝削的破壞力是那麼的大、那麼具毀滅性。現在我們已經知道宣傳的力量，以及它會是發生的最大災難之一：用觀念做為轉化人的手段，是當下正在發生的事情。人不重要——制度、念頭變得重要，人已經沒有任何意義，只要製造出個結果，結果又可以用觀念來予以正當化的話，我們就可以摧毀好幾百萬人，我們有堂皇的觀念架構，可以將邪惡正當化，這當然是史無前例的。**邪惡就是邪惡，不可能帶來任何好處**，戰爭絕不是和平的方式，戰爭可能帶來次要利益，像是效能更優異的飛機，但是絕不會帶給人類和平。**戰爭已經在知性上被正當化為能夠為人民帶來和平的方式；當智慧可支配人命時，就會帶來空前的危機。**

還有另外的因素顯示出一個空前的危機，其中之一是人所賦予感官價值、賦予財產、賦予名字、賦予階級和國家、賦予你所穿的特定品牌非比尋常的重要性。你要不是伊斯蘭教徒或是印度教徒，就是基督徒或共產主義信徒，名號、財產、階級和國家變得非常重要，意味著人陷入無論是心或手創造出來的感官價值、物質價值。

手或心製造出來的東西變得那麼重要，以至於我們會為其互相殺戮、毀滅、屠殺和消除。

我們已經接近危機的邊緣；每個行動都在將我們帶往那個方向，每個政治、經濟的行動都無可避免的把我們帶往危機，將我們拖進一個混亂、迷惑的深淵中。所以說這危機是空前的。既然是空前的危機，就必定要有空前的行動，意味著個人必須立即重生，而不是經過一段時間的過程，必須現在就發生，而不是明天；因為明天已經是崩解的過程了，要是我想明天再來轉化自己，那我就是在引發困惑，還在毀滅的領域中。有可能現在就改變嗎？有可能即刻的、現在就轉化自我嗎？我說是的。

重點在於因為這危機有特質，所以在思考上就必須有所改革才足以應對；而這改革不能透過另一個人、透過任何書、透過任何組織來產生，必須是透過我們、透過我們每一個人。而轉化也只有在身為個體的你開始在每一個思考、行動和情感中察覺到你自己時，才會發生。

論國家主義

問題：國家主義不見了之後會出現什麼？

克里希那穆提：很顯然的是智能。但恐怕那並非這問題的涵義，這問題的言外之意是要由什麼來取代國家主義？任何的取代都不會帶來明智的行動，要是我脫離了一個宗教改信另一個，或者離開一個政黨，稍後加入另種團體，這種持續的替換僅表示了一種不見任何明智的狀態。

國家主義要如何去除？只有藉著徹底了解其意義、藉著檢視它、藉著察覺其於內在與外在行動中的意義，外在之於它會帶來人與人之間的分化、階級、戰爭和毀滅，任何一個身為觀察者的人都看得出來這一點。而於內在與精神上的，這認同於一個比較大的、認同於國家、認同於一個念頭的作法，顯然是自我擴張的一種形式。無論住在一個小村落或大城市或任何地方，我都是個無名小卒；但如果我同化於一個較大的東西、同化於國家，如果我稱自己為印度教徒，就討好了我的虛榮心，給了我滿足、名聲、一種幸福的感覺；而同化於較大的東西，對於那些認為自我擴張是必要的人來說，是種心理上的需要，同時製造了人與人之間的衝突和爭吵，於是國家主義不只製造了外在的紛爭，也製造了內在的沮喪；當一個人了解國家主義、了解國家主義的整個過程，它就會分崩離析了。藉著仔細的觀察、藉著深入國家主義、愛國主義的整個過程，我們便能透過智慧了解國家主義，明智會在那樣的檢驗中浮現，然後就沒有其他東西可取代國家主義，**你一用宗教取代國家主義，宗教就變成了另一個自我擴張的方式、另一個心理焦躁的來源、一個透過信仰餵食自己的方法，因此任何型式的替代，不管多麼高貴，都是一種無知，**就像一個人用口香糖、檳榔或任何其他東西來代替抽菸一樣，反之如果一個人真的了解抽菸、習慣、知覺、心理要求，以及其他一切的問題，自然就會戒菸。**只有理性發展、理性運作，你才能夠明白；而有替代物時，理性是不會運作的，替代品只是一種自我行賄的形式，引誘你不要做這個，但要做那個，**因其地位、因其不幸與世界上的爭鬥，國家主義只有在智能出現時，才可能消失不見，而智能是不會單靠通過考試和讀書而來的，**當我們在問題產生時加以了解，明智便隨之而來，只要了解了問題的各個層面，不只是外在，還有內在、心理上的含意，然後智能便會在過程中出現。**所以有智能的話，就不會有替代品；

而當智能出現，國家主義、愛國主義這種愚蠢就會消失不見。

為什麼要心靈導師

問題：你說精神導師是不需要的，可是若無唯有精神導師能夠給予智慧的幫助和引導，我要如何找到真理？

克里希那穆提：這問題是在問精神導師有無必要。真理可以透過別人來獲得嗎？有人說可以，有人說不可以。我們要知道這件事的真相，而不是我與他人相反的意見。關於這件事我並沒有意見，是這樣或不是這樣都沒有，基本上你該有或不該有個精神導師非關意見問題，不管有多深奧、博學、普遍和宇宙共通性，事情的真理都不在於看法，事實上，事情的真理是要被挖掘出來。

先搞清楚我們為什麼想要一個精神導師？會說我們需要一位精神導師，是因為我們心中有困惑，而精神導師幫得上忙；他會指出何謂真理，會幫助我們了解，對於人生他知道的遠比我們多；他有廣大的經驗，而我們只有一點點；他會透過比較偉大的經驗幫助我們等等，也就是說，基本上你會去找老師是因為你心中有迷惑，如果你很清楚，你就不會接近精神導師，顯然如果你非常的快樂，如果你沒有問題，如果你充分了解生命，你就不會去找任何精神導師，我希望你能看出這其中的含意，是因為你困惑，你才會去找老師，你找他給你生命之道，釐清你的困惑，尋獲真理，你選擇了你的精神導師；是因為你困惑，你希望他可以給你所想要的，也就是說你選擇了一位能滿足你的需求的精神導師。你不會選擇一個說「靠你自己」的精神導師，而是根據你自己的成見挑選了他，所以**既然你根據他所給予你的滿足，選擇了你的精神導師，你就不是在選擇真理，而是選擇了一種脫離困惑的方式；並把脫離困惑的方式誤稱為真理。**

首先讓我們來檢視一下精神導師可以掃除我們困惑的這個觀念，有任何人可以掃除我們的困惑嗎？——做為我們反應成品的那些困惑，是我們製造出來的，你認為這種不幸、這種裡裡外外、存在於萬物各階層的戰鬥——是別人製造出來的嗎？那是我們自己缺乏自我認識的結果，那是因為我們不了解我們自己、我們的紛爭、我們的反應、我們的不幸，所以才會去找個精神導師，認為他能夠幫助我們擺脫那個困惑。唯有在與現在的關係中，我們才能夠了解自己；那種關係本身就是精神導師，不是外在的某人，要是我不了解那份關係，我和財產、人們、想法間的關係，不管一個精神導師說什麼都沒有用。誰可以解決我心中的紛擾？要解決那樣的紛擾，我必須親自去了解，**在察覺之中，並不需要精神導師，要是我不認識自己，精神導師有什麼用？如同政治領導人都是這些困惑的人選出來，所以他們的選擇一樣困惑，我這樣選擇了精神導師，我只能照著我的困惑選擇了他；所以他就像政治領袖，一樣充滿了困惑。**

誰對並不重要——我對不對，或者那些說精神導師是必要的人對不對並不重要；重要的是搞清楚你為什麼需要一個精神導師。精神導師是為各種不同的利己作用所存在的，但兩者其實並不相干。只要有人告訴你進步了多少，就能夠給予你滿足，但是**把你為什麼需要一個精神導師的理由找出來——其中才有關鍵**。別人可以指出方法，但就算你有個精神導師，所有的工作還是得由**你**來做，正因為你不想面對這件事，才會把責任轉移給精神導師，只要有一丁點的自覺，精神導師便毫無用處了。沒有精神導師、沒有書本或經典可以給你自覺；唯有當你於關係當中察覺到自我時，自覺才會浮現，這樣是要有所關聯；不了解關係是不幸、鬥爭，察覺不到你和財產的關係是困惑的原因之一，要是你不知道你和財產間的正確關係，那只會增加社會上的紛爭，要是你不了解你和妻子、你和孩子的關係，別人要如何來解決隨著那關係而來的紛爭？想法、信仰等等也類似，因為在你和人、和財產、和想法的關係中產生困惑，所以你會去尋找精神導師，你正是所有誤會和困惑的來源；唯有你了解關係中的自己時，才有可能解決那種紛爭。

你不能透過任何人來找到真理，怎麼可能呢？真理不是停止不動的東西；沒有固定的停滯；不是個結束和目標，相反的，它是活生生、充滿動力、警醒、活動的，那怎麼可能是個結束呢？要是真理是固定的觀點，那就不再是真理了；只不過是個意見而已，真理是未知的，而一顆追尋真理的心永遠也找不到，因為心靈是由已知組成的，是過去的成果，時間的結果——你自己就可以觀察得到。心靈是已知的工具，所以無法在未知中找到，只可能從已知轉到已知。當心靈在尋求真理時，是從書裡頭讀來的真理，而那「真理」只是自我投射；因為此時心靈只是在追求已知，追求比先前讓人更加滿足的已知而已。當心在**追求**真理時，它其實是在追求自我投射，不是真理，畢竟理想是自我投射，是虛構、不真實的，真的是**真相**，不是相對的，但一顆追求真實、追求神的心靈是在追求已知。當你想到神時，你的神其實是自己想法的投射、是受社會影響的結果，你只想得出已知的；你沒有辦法想未知的，無法集中在真理上，你一想到未知的，那就都只是自我投射的已知而已，神或真理是沒辦法用想來的，要是你想得到，那它就不是真理了，**真理沒有辦法找來：它會自動前來，你只能追求已知的，當心不再被已知的效果所折磨，真理才能夠展現。**真理是在每一片葉子、每一滴眼淚裡；是時時刻刻得知的，沒有人可以引導你到真理；如果有人帶領你，那都只能帶到已知而已。

真理只會出現在排空已知事物的心靈，出現在已知都消失不見、都沒有運作的狀態中，心是已知的工場、已知的殘渣；因為當心處在能讓未知進駐的狀態中時，就必須察覺自我、察覺先前的經驗，無論是在有意識或無意識中的、察覺其回應、反應和架構，**有了全面的自覺，已知才會畫上休止符，心靈的已知才會完全淨空，唯有此時，真理才會不請自來，**真理不屬於你或我，你沒有辦法崇拜它，一旦已知，象徵就不是真的，影像就不是真的；可是如果有自我的了解、自我的休止，那永恆就會出現。

論知識

問題：我從你身上得到了一個肯定的結論，就是學問和知識都是阻礙，請問對什麼而言是個阻礙呢？

克里希那穆提：學問和知識對於了解全新、無窮和永恆顯然是個阻礙。學問和知識可以發展出完美的技巧，但不會讓你有任何創造力。你可能知道要如何畫出漂亮的畫，你可能有那種技巧，但你無法成為一個有創意的畫家；你可能知道怎麼寫詩，技術完美無缺，但仍無法成為一位詩人；成為詩人意味著要能夠接受新事物，要敏感到足以反映全新、新鮮的事物，對不對？當我們大部分的人都將知識和學習變成一種耽溺時，我們以為透過**知識**就會創作，一顆裝滿事實、知識的擁擠心靈——還能夠接受新的、突然、即興的東西嗎？要是你的心中擠滿了已知，那還有位置接受未知的東西嗎？知識當然都是已知的；我們就試著藉已知去了解未知，某種無法衡量的東西。就舉個非常平常、會發生在我們大部分人身上的事情來說好了：那些宗教人士——不管那個字眼目前是什麼意思——試著想像神是什麼，或者思考神是什麼，他們讀了無數的書，讀了各種聖人、大師、大聖以及其他一切的經驗，試著想像或者體會別人的經驗是什麼；然後試著用那些已知去接近無知，這有可能嗎？你可以想不知道的事情嗎？你只可以想那些你已經知道的事情，但如今世上卻在進行著完全顛倒之事：我們認為要是有更多的資訊、更多的書籍、更多的事實、更多白紙黑字，就可以了解。

想要察覺不是已知投射的東西，必須透過了解、透過已知的過程來消除。為什麼心靈會一直攀附著已知不放呢？難道不是因為心靈一直在追求確定、安全感？它的本性就固定在已知、在時間上；這種根深柢固，建築在過去、在時間上的心靈要如何經歷永恆？是有可能想像、整理、構想未知，但終究荒誕無理，未知只有在已知被了解、融解、放到一邊去時才會出現。這件事格外困難，因為任何事情在經歷的那一刻，心靈就已經依照已知的角度來翻譯它，並將其降格為過去了，我不知道你是否注意到每一個經驗都會立即演繹成已知的，賦予名字，做成一覽表，然後記錄下來，所以已知的活動是知識，而顯然這樣的知識、學習是個障礙。

假設你從來沒有讀過一本書，不管是宗教或心理學的，而你必須找出生命的意義和含意，你會怎麼處理？假設週遭沒有大師、沒有宗教組織、沒有佛陀、沒有基督，而你得從源頭開始，你會怎麼著手？首先，你必須了解你的思考過程，是不是？——而且不要投射你自己、你的想法到未來，並創造出一個投你所好的神來；那就太孩子氣了，所以首先你得了解你的思考過程，那是發現任何事情的唯一方式。

當我們說學習或知識是個障礙、阻撓時，我們並沒有將技術性的知識包括在內——怎麼開車、怎麼轉動機器——或是這些知識所帶來的效果，我們心中想著完全不同的一回事：多少份量的知識或學習都帶不來的創造性幸福感。「創造性」這字眼最真切的意思是時時刻刻掙脫過去，因為是過去不斷為現在蒙上陰影，光是攀附資訊、攀附其他人的經驗、其他人說的話，不管多麼偉大，並且把你的行動與之拉近——所有那些都是知識，不是嗎？但要發現任何新事物，你就必須從自己開始做起；你必須開始完全原始的旅程，特別是知識上的，因為透過知識和信仰擁有經驗非常容易；但這些經驗只不過是自我投射的產物，所以完全不真實、完全錯誤。如果你想為自己找到新的東西，那帶著舊負擔就沒什麼好處，尤其是知識——別人的知識，無論是多偉大的。你利用知識做為自我保護、安全的方法，想要確認擁有和佛陀或基督或某某一樣的經驗，但一直透過知識保護自己的人顯然不是追求真理者。

發現真理沒有道路可循，你必須進入一個沒有海圖的大海當中——不是低靡，也不是充滿冒險性的，當你要發現新事物時，當你在經歷任何事時，你的心必須非常平靜。要是你的心裡擁擠，充滿了事實、知識，它們就像是新事物的障礙；困難的是對於我們大部分的人來說，心變得那麼重要、意義那麼重大，以致持續妨礙任何可能是新的事物，妨礙任何可能和已知同時存在的事物。這樣的知識和學習對於想要尋求且了解永恆之人便成了障礙。

論戒律

問題：所有的宗教都堅持某種自我戒律，以節制人的野性。聖人和神秘家聲明透過自我戒律，他們得到了神格，但你現在似乎暗示這樣的戒律有礙於理解神。我迷糊了，在這件事上誰是對的呢？

克里希那穆提：這個問題不在於這件事誰是對的，重要的是為我們自己找出事情的真理——不是跟著某個特定的聖人或者從印度、從其他地方的某個人，而且越具異國風越好。

你陷在這兩者之間：有些人說要戒律，有些人說不要戒律，一般的情況是你會選擇比較方便的，比較能夠滿足你的：你喜歡那個人、他的長相、他個人的特質、他個人的喜好以及其他的一切。把這些全撇到一旁去，讓我們直接檢視這個問題，親自找出事情的真理，這個問題包含了許多事情，所以我們要非常小心、試探性的去接近它。

大部分的人都希望有某些權威人士告訴我們要做什麼，我們期待引導，因為要安全，不要繼續受苦是我們的本能，聽說有人了解了幸福之道、受到祝福或者隨便你說是什麼，我們就希望他能夠告訴我們要如何到達那個境界，那就是我們想要的：我們想要同樣的快樂、同樣的內在寧靜；在這混亂的瘋狂世界裡，我們想要別人告訴我們做什麼，那真的是我們大部分人的基本本能，而根據那份本能，我們弄出了一套行動模式：神、至高之物、無法用文字取名也無法丈量的——透過戒律、透過跟著特定的行動模式而來。我們想要達到一個特定的目標、特定的結果，而我們認為藉著練習、戒律、藉著壓抑或解放、昇華或替代，就可以找到我們在尋求的。

戒律中有何涵義？如果我們守戒律的話，是為了什麼？戒律和智能能夠結合嗎？

大部分的人覺得我們應該透過某種戒律來克服或控制暴力，控制我們心中醜陋的事，那種暴力、醜陋的事是可以透過戒律來控制的嗎？一套保證有回饋的行動、一套要是追求，就會給予我們所要的行動——可能是正面或負面的；一個要是辛勞、勤勉、非常拼命去練習，最後就會給予我所想要的東西，過程可能痛苦，但是我樂意通過這一切來取得成果。侵略性、自私、吹毛求疵、焦慮、恐懼——你曉得的，這全部的一切——那個自我正是我們體內粗暴的來源，我們想要加以轉化、壓制、毀滅，這要怎麼做？是透過戒律來做，或者透過對過去自身智能上的了解、明白自我是什麼、又是如何出現等等呢？我們應該透過強制或是透過智能來摧毀人的暴性嗎？智能可是一種戒律？讓我們暫且忘掉聖人和其他人所說的一切；讓我們自己深入這些事情，好像是首度正視這個問題一樣，然後最終可能得到某種創造性的東西，而不只是引用別人說了什麼，那些全都是虛幻無用的。

我們一開始就說我們之間有對立，黑對抗白、貪心對抗不貪心等等。我貪婪，那製造了痛苦；為了擺脫那份貪念，我必須約束自己，也就是說，我必須抵抗任何會帶給我痛苦的衝突，在這裡就稱為貪念，於是我說這是反社會的、反倫理的，並不神聖等等——各式各樣我們用以抵抗的社會宗教理由。我們有透過強制摧毀或排除掉貪念嗎？首先，讓我們檢視壓抑、強制、排除、抵抗涉及的過程，當你做這件事，也就是抵抗貪心時，會發生麼事？抵抗貪念是怎麼一回事？那是第一個問題，是不是？你為什麼要抵抗貪念，又是誰說「我必須擺脫貪心」的？直到這一刻前，貪心還在給他利益，只不過現在變得痛苦了，所以他說：「我要甩掉它。」甩掉的動機還是貪心的過程，因為他想要成為他不是的東西。現下不貪心才是有利的，所以我要追求不貪心，但是動機、立意都還是想要**變成**什麼，是想要變得不貪——那當然還是貪念，仍是對「我」的一種負面的強調模式。

因為各式各樣明顯的理由，所以我們說貪念是痛苦的，但只要我們樂在其中，只要貪心能給予我們回饋，那就沒有問題。社會也在各方面鼓勵我們貪心，只要有利可圖，只要不痛苦，我們就去追逐，可是一旦變得痛苦，我們就想抵抗，而那抵抗正是我們稱之為對抗貪念的戒律；但我們透過抵抗、透過淨化、透過壓抑擺脫掉貪念了嗎？任何居於「我」這部分想要擺脫貪心所採取的行動，仍是貪念，因此我這部分任何顧及貪念所發展出來的行動、反應，顯然均非解決之道。

首先必須要有顆安靜的心靈、要有顆不受干擾的心靈來了解一切，尤其是我所不知道的事情，某些我看不穿的事情——這位發問者說，那就是神。要了解任何事情，任何糾結的問題——生命或關係等所有一切問題——心一定得有深沉的寧靜。深沉的寧靜是透過任何形式的強制而來的嗎？膚淺的心靈可以強制自己，讓自己安靜；但這樣的安靜肯定是腐朽、死亡的安靜，沒有適應、柔軟、敏感的能力，所以抵抗並非其道。

要明白這一點需要智慧。看到心被強制弄得遲鈍，已經是明智的開始了，是不是？戒律不過是透過恐懼來順應一套行動而已，那包含了約束我們自己的意思：我們害怕得不到我們想要的，當你管束心靈、管束你自己時會怎麼樣？會變得非常辛苦，不柔軟、不快、不適應。你不認識管束他們自己的人——真有這種人存在嗎？結果顯然是種腐朽的過程，有種藏起來、躲起來的內在衝突；可是恆在，一直都在裡頭熊熊燃燒著。

於是我們看到那抵抗的戒律不過製造了一種習慣，而習慣是產生不了智能的：習慣從來不是，練習從來不是。整天彈鋼琴，手指頭可以變得非常靈巧，對你的十指產生某些作用；但被要求來指引手的是智能，而我們現在要探索智能。

你看到了某個你認為快樂，或者了悟了的人，而他做著特定的事情；於是想要快樂的你就會模仿他，這種模仿叫做戒律，不是嗎？我們模仿以便得到另一個人所擁有的；我們複製以便快樂，那種我們認為他有的快樂，快樂是透過戒律而取得的嗎？藉由實行某種特定的規則、藉由實行某種特定的戒律、某種處理方式，你自由了嗎？當然要有發現的自由，對不對？如果你要發現什麼，內在顯然一定要自由，藉著用一種你稱為戒律的特定方式塑造心靈，你自由了嗎？顯然沒有，你只是個重複的機器，根據一個特定的結論、根據一個特定的行為模式來抵抗。自由是無法透過戒律而來的，自由只可能與智能同來；而那份智能清醒過來了，或是你原本就有那份智能，並在一刻間看穿了無論內外，任何否定了自由的強迫型式。

首要之需，不是戒律，顯然是自由；唯有美德能給予那種自由，貪心是迷惑；憤怒是迷惑；苦難是迷惑。當你看穿這一點，顯然就從其中解脫了；你並沒有抵抗它們，但是你看出只有在自由當中，你才能發現，任何形式的強制都不是自由。給你自由的是什麼品德，沒有德行的人是困惑的人；在困惑當中，你怎麼發掘得出任何事？因此品德不是戒律的終極產物，但品德是自由，而自由無法透過任何不貞潔、任何本身不真實的行動而來。我們的困難在於我們大部分的人都讀了太多東西，我們大部分的人都膚淺的追隨太多的紀律——每天在一定的時間醒來，一定的坐姿，努力用一定的方式把持住我們的心——你曉得的，練習、實行、紀律，因為你被教導說如果這些事情你一做多年，最後就會擁有神。我說的可能有點殘酷——但那就是我們思想的基礎——神絕對不會來得如此輕易吧？神不只是銷售性的東西：我做這件事，你就給我那個。

我們大部分的人都那樣受外在環境、宗教教義、信仰以及我們自己想成為某種東西、得到某種東西的內在要求的條件限制，以致很難不用戒律的角度來重新思考這個問題。首先我們必須非常清楚紀律的含意，清楚它是如何透過我們的渴望、透過影響力和其他的一切窄化了心靈、限制了心靈、強迫心靈去採取某項行動；一顆調整過的心靈，不論調節得多麼「貞潔」，都沒有辦法自由，因此無法了解真實。神、真實或隨便你想叫什麼——名字並不重要——只有在有自由時，才會出現，而透過恐懼而來，無論是正面或負面的強制在，都不會有自由，若是你追求一個結果，就不會有自由，因為你被結果綁住了。你可能擺脫掉過去，但未來仍捉住你，所以沒有自由。只有在自由當中，一個人可以發現任何事：新的想法、新的感情、新的概念；反之基於強迫的任何型式戒律都否定了那個自由，不論是政治或宗教的。既然順應一個目標在望之行動的戒律是有束縛力的，心靈便永遠也不會自由，只能在固定的型態裡運作，就像唱片一樣。

因此，透過實行、透過習慣、套過耕耘一套模式，心靈只會得到它看得到的東西，所以並不自由；所以無法了解至高無上的，要察覺的整個過程。你為什麼持續管束自己符合大眾看法、符合特定的聖人？順應某個看法這整件事，不論是順應聖人或是鄰居的看法，全都一樣——透過練習、透過微妙的方式遵從、否定、主張、壓抑、昇華，全都意味著順應一個模式：這已經是自由的開端，從中有了美德。但德行絕非培養一個特定的想法，比如說「不貪」若是追求而來的結果，就不再是項美德了，不是嗎？也就是說，如果你有意識到自己不貪，你是有品德的嗎？而那正是我們透過戒律在做的事。

戒律、順應、練習，都只會強調**成為**某種東西的自我意識而已，實行無貪念的心因而無法擺脫它想要不貪的意識；所以，就沒有辦法真正的不貪，只是找到了一個稱為不貪的新藉口而已。我們可以看到這一切的整個過程：動機、渴望得到一個結果、順應一個模式、在追求一個模式當中得到安全的渴望——這一切都只是從已知到已知而已，總是在心靈本身自我封閉過程的限制內。看到這所有的一切，察覺到它是智能的開始，而智能既非有品德，也不是沒有品德，那沒有辦法吻合有品德或沒品德的模式；智能帶來自由，既非放蕩，也非混亂，沒有這份智能，就沒有德行；德行給了自由，而在自由當中，出現了真實。要是你完整、全面的看到它整個過程，你就會發現其中並沒有衝突。那是因為我們身在紛爭當中，因為我們想要從那個紛爭中掙脫，於是我們訴諸於各種不同的戒律、否定及調整。當我們看清楚紛爭的過程，就沒有戒律的問題，因為那樣我們就時時刻刻的體會紛爭之道，那需要很大的警醒，隨時注意你自己；最奇異的部分是雖然你可能沒有隨時注意，但只要這份企圖在，內在還是有個記錄的過程在進行——那敏感、內在的敏感隨時都在拍照，所以內在意志會在你安靜下來時投射圖像。

所以不是戒律的問題，敏感從來無法透過強制而來，你可以強迫一個孩子做某件事，逼他到牆角，他可能也會安靜；但內心裡他可能在激動當中、可能正在看窗外、計畫某件事以便離開，那就是我們還在做的，所以紀律和誰對誰錯的問題，只有你自己可以解決。

還有，你瞧，我們都怕出錯，因為我們都想要成功，藏在渴望底層的恐懼要被管束，但戒律之網無法捕捉未知，相反的，未知必須自由，而不是以你心靈的模式，這正是心靈必要寧靜的原因。當心靈意識到它是寧靜的時候，就不再寧靜了；當心靈有意識它是不貪、掙脫貪念的時候，它是認知到了自己不貪的新袍，但那並非寧靜。這也就是為什麼一個人必須了解控制的人與被控制的事這問題裡頭的疑問，它們不是個別，而是結合的現象：控制的人與被控制的是一體。

論孤單

問題：我開始發現自己非常的孤單，我該怎麼辦？

克里希那穆提：這位提問人想要知道他為什麼會覺得孤單？你知道孤單的意思，並且察覺到了嗎？我非常懷疑，因為我們都在活動、書本、關係和防止我們察覺孤單的想法中壓抑自己，我們所謂的孤單是什麼意思？那是一種空虛、一種什麼都沒有、一種特別不確定、哪裡都無法停泊的感覺，不是絕望、無望，而是一種虛無感、一種空虛感、一種挫折感。我確定我們都感覺到了快樂與不快樂，那些非常、非常活潑以及耽溺於知識中的人，他們全都知道，那是一種確確實實、無窮無盡的痛苦感覺，一種儘管我們努力想要掩蓋，卻掩蓋不掉的感覺。

讓我們再與這問題打交道，看看實際的情況，看看在你覺得孤單的時候會做什麼，你會試著逃離你的孤單感，試著讀一本書，跟隨某位領導者，或者去看電影，在社交上變得非常、非常的活躍，或者去參加禮拜和祈禱，或者畫畫，或者寫一首關於孤單的詩，實情就是如此。察覺到了孤單、其中的痛苦、非比尋常及莫名的恐懼，於是你尋求脫逃，而那脫逃變得更加重要，你的活動、你的知識、你的神祇、你的收音機全都因而變得重要，對不對？當你賦予次要價值的重要性，就會把自己導進不幸和混亂中。**無可避免的次要價值是感官價值；現代文明給了你這個逃避管道——透過你的工作、家庭、姓名、閱讀、繪畫等等來逃避；我們所有的文化都基於逃避，我們的文明是建立在逃避上頭的，這是個事實。**

你試過一個人獨處嗎？當你嘗試的時候，就會發現有多麼困難，以及在孤單之中，必須如何明智非凡才行，因為心不容我們孤單一人，心會變得不安，會忙著逃避，所以我們在幹什麼？我們是在試著用已知來填補這莫大的空無，我們發現到要如何變得有活力、如何社交；我們知道如何讀書、怎麼打開收音機，我們用已知的事情來填補未知的事情，我們試著用各式各樣的知識、關係或事情來填補空虛，不是那樣嗎？那是我們的過程，那是我們的生活，現在你了解自己在做什麼了，你想你可以填補這份空虛嗎？你試遍了每一個方法來填補孤單的空虛，結果填補成功了嗎？你試過電影，結果不成功，所以你轉而去找**精神導師**、你的書，或者相當活躍的社交活動，你成功的填補或只是遮掩掉它呢？如果你只是掩蓋住它，那它還是在，還是會回來；如果你可以完全逃開，要不是把自己鎖在一個避難所內，就是變得非常、非常的遲鈍，這就是我們的現況。

這份空洞、空虛可以填滿嗎？如果不行，我們可以逃離它、躲開它嗎？要是我們經歷過，並發現一種逃避是沒有價值的，其他所有的逃避方法不因而也都顯得沒有價值了嗎？你用這個或那個來填補空洞並不重要，所謂的冥想也是一種逃避，改變逃避方法並沒有多大效果。

然後，你發現自己要拿這份孤單怎麼辦？只有當你停止逃避時才會找到答案，不是嗎？當你願意面對它的**真相**——意味著你絕對不會去打開收音機，意味著你絕對會背向所有的文明——然後所有的孤單就會告一段落，因為已經全部轉化，不再孤單。如果你了解**真相**，而**真相**又是真的，**因為心靈一直迴避、逃避、拒絕面對真相，因而製造了障礙，因為有那麼多的障礙不讓我們去看，我們不了解真相，所以遠離了真實；這一切障礙都是為了不去看見真相而由心靈創造出來的。要看清真相，只需要敏銳的覺察力，但也意味著背對你一手建立的一切，你的銀行帳戶、名字和我們稱為文明的**

一切，當你看到了真相，就會看到孤單如何轉化。

論受苦

問題：痛苦和受苦的意義何在？

克里希那穆提：當你受苦、當你痛苦時，有什麼意義在？身體上的痛苦有意義，但或許我們指的是心理上的痛苦和受苦，那在不同的層面上，意義相當不同。受苦的意義何在？你為什麼想要知道受苦的**意義**？不是說它毫無意義——我們正要把它找出來，而是你為什麼**想要**找出意義來？你想從為何受苦當中找出什麼來？當你拿「我為什麼受苦？」的問題來問自己，並且探索受苦的原因時，難道不是在逃避苦難嗎？當我尋求受苦的意義時，難道我不是在躲開、迴避、逃離它嗎？事實上是我在受苦，可是我一如此運作心靈，並且說：「嘿，為什麼？」我就已經稀釋了受苦的密度了；換句話說，我們希望稀釋、緩和後，可以不再受苦，可以透過解釋而消除掉，但是那肯定沒有理解受苦，如果我擺脫掉想要逃離它的渴望，反而就會開始理解受苦的**成分**了。

受苦是什麼？是不同程度——在生理和意識各層級的不安，對不對？那是一種我不喜歡，確實不安的型式。我的兒子死了，我把所有的希望都寄託在他身上——或者我女兒、我先生，任何你挑上的事物，我用對他所有的希望把他供奉起來，並且與他為伴——你知道的，所有的一切，突然間他走了，所以會難過，對不對？這種難過我稱為受苦。

要是我不喜歡那種苦，我會說：「我為什麼會受這種苦？」、「我這麼愛他。」、「他就是這樣。」、「我有那個。」我嘗試如大部分人所做的，在言語上、標籤上、信仰上逃避，像催眠一樣的行動，要是我不那樣做，會怎麼樣？我就只是感覺痛苦而已，我不責難它、不合理化它——就直接受苦，然後可以跟隨它的腳步，對不對？我跟隨著它所代表的整個內容——在試著了解某件事的感覺中「我一路跟隨」。

那是什麼意思？到底是什麼受苦？不是問**為什麼**會受苦，不是問造成受苦的**原因**，而是到底發生了什麼事？我不知道你是否看出了其間的差異，那樣我就感知到受苦，不光是從我身上抽離，不再只是一個看著苦難的觀察者——那是我的一部分，我整個人都在受苦當中，然後我才能跟著它的動作，看看它通往哪裡，如果我那樣，它就會開啟，對不對？然後我會看到我把重點放在「我」——而不是我愛的人上頭，他只是用來保護我不受我的悲慘、我的孤單、我的不幸之苦。因為**我**不是什麼，就希望**他**可以做，但他走了，我被留下來，因此迷失了，我很孤單，沒了他，我什麼都不是，所以我哭了起來，不是因為**他**走了，而是我被留了下來，我變成孤單一個人，面對那一點很困難，對不對？要認知那點是困難的，而且不能光是說：「我一個人，要如何擺脫掉這份孤單？」那是另一種型式的逃避，而是要**意識**著它、**留在**其中、看著它的一舉一動。我只是拿這當一個例子，慢慢的，如果我同意打開它、完全敞開來，就會看到我因為失落而陷在痛苦當中；我受召喚把注意力集中在我不願意看的事情上頭；某件我不樂意看到及了解的事情強加在我身上，有無數的人幫助我逃避——數千名所謂的宗教人士，以他們的信仰和教義、希望和幻想——「這是**業**，這是神的意志。」——你知道，都給了我出路，而要是我留在其中，不把它拿開，不試著限制它或否定它，那會怎麼樣？一路跟隨著受苦的行動時，我會處在什麼樣的心態中？

受苦只是個字眼，或是實體之物呢？如果是實體之物，而不僅是一個字眼，那字眼就沒有意義，只餘劇痛的感覺。依據什麼呢？依據一幅影像、一個經驗、依據你有或沒有的東西，如果你有，你稱其為喜悅；如果你沒有，就是痛苦，所以痛苦、難過都在**和**某樣東西的關係中，那東西只在嘴上說說，或者確有其物呢？也就是說感到難過時，一定只存在於和某種東西的關係中，它沒有辦法單獨存在——就算是恐懼也無法獨自存在，而只能**和**某種東西有關係：和一個人、一件事、一種感情。現在，你對受苦全盤察覺了，那痛苦與你分離，因此你只是個感受痛苦的觀察者，或者**你**就是受苦本身呢？

在沒了受苦**觀察者**之際，痛苦對你而言有何不同嗎？你本身**就是**那份痛苦，不是嗎？你並沒有與那份痛苦分開——你**就是**痛苦，怎麼回事？沒有貼標籤，沒有給予它名字，所以就掃到一邊去——你只是那份痛苦、那種情緒、那種難過，你那樣的時候，會怎麼樣？當你不為它命名，沒有與其相關的恐懼，中心還會和它有關嗎？要是中心連結上它，那就會怕它，而它一定要行動並做一些事情。但如果中心**是**那個，你要怎麼辦？什麼事也沒有做，有嗎？如果你是那樣，而你不接受、不貼標籤、不把它推到一邊去——如果你就**是**那個東西，會怎麼樣？你會說你受苦嗎？當然，一個基本的轉化已經在發生，那就不再是「我受苦了」，因為沒有中心在受苦，而中心會受苦是因為我們從來沒有檢視過中心是什麼。我們從來沒說過：「讓我看看在受苦的是什麼東西。」你沒有辦法藉著強迫、戒律來看，你必須以興趣、以即興的理解正視，然後你就會看到我們稱為受苦、痛苦的東西，我們所避免的東西和戒律全都會消失不見。只要我跟外在的東西沒有關係，問題就不存在；而我一和外在之物建立關係，問題就來。只要我視受苦為外在之物——我因為失去了我的兄弟，因為我沒有錢，因為這個或那個，所以我受苦——我就和它建立起關係，而那關係是假的。可是如果我**就是**事情本身，如果我看到了事實，整件事就會轉化，會有完全不同的意義。然後有**全部**的關注、**統一**的關注，而那全然的關切就是了解和消融，所以不再有恐懼，「悲傷」這個字眼也不再存在。

論察覺

問題：察覺和內省有何不同？誰在察覺之中覺察？

克里希那穆提：讓我們先來檢視內省的意思，內省是觀照、檢視自己，一個人為什麼要自我檢視？為了進步、為了改變、為了修正。你是為了要成為什麼而內省，否則就不會沉浸在內省之中了，若是沒有修正、改變、變成你之外的東西的意願，你就不會檢視自己，這是明顯的內省理由，我生氣，所以我反省、檢視自己，為了擺脫、修正或改變生氣，只要有內省，也就是修正或改變反應、自我反應的渴望，就一定有個預期的結果；要是達不到這個結果，就會產生悶悶不樂的沮喪。因此內省經常伴隨著沮喪，我不曉得你有沒有注意到當你為了改變自己而內省、檢視自己時，總是有股沮喪，總是有你必須與之戰鬥的情緒波浪在；你必須再度檢驗自己，以便克服那種情緒等等。內省是一個沒有紓解的過程，因為那是從是什麼轉化成不是什麼的過程，當我們內省、沉溺在那特別的行動時，就一定會那樣，行動中總是有堆積的過程，「我」檢視了某種東西，以便改造它，所以永遠有二元紛爭，接著是絕望的過程，永遠沒得解脫；而且了解到那種挫折，還會沮喪。

察覺是完全不同的，察覺是不帶責難的觀察，察覺帶來了解，沒有非難或認同，只有沉默的觀察。要是我想了解某件事，我必須觀察，絕對不能批判、責難，絕對不能把它當成愉悅來追求，或者非愉悅來迴避，必須只有默默的觀察事實，沒有預期中的結果，只是在察覺浮現出來的每一件事。那種觀察和對那種觀察的了解在責難、同化或正當化出現時就會中斷，內省是種自我改進，因此內省就是種自我意識，**察覺並非自我改進，相反的，是用其所有的特質、記憶、要求和追求來終結掉自我。在內省中有認同和非難，在察覺中沒有非難或者認同，也就沒有自我改進，兩者之間有著極大的差異。**

想要改進自己的人永遠無法察覺，因為改進包含了非難和成就的結果，然而在察覺中有不帶責難、否定或接受的觀察。察覺從外在的事物開始，察覺到並和事物、自然接觸，首先是萬事一體的察覺，對事物、自然、然後是對人敏銳觀察，也就形成了關係；然後是觀念的察覺，這份對事情、自然、人、觀念的敏銳觀察不是個別的過程組合而成，而是單一的過程，是對萬事、對每一個自我浮現的想法、感覺和反應持續的觀察，因為察覺不是責難，就不會有累積。你只有在有個標準時才會責難，意味著那就會有累積，然後產生自我改進。察覺是在其與人、與想法、與事情的關係中了解自我活動、了解「我」，那種察覺是時時刻刻，因此是無法練習的。當你練習一件事時，它就變成了習慣，而察覺並非習慣。一顆習慣的心是不敏感的，一顆在特定行動的固定模式中運作的心靈是遲鈍、不柔軟的，而察覺需要持續的柔軟度和警醒，這並不困難。當你對某件事真的感興趣、當你有興趣看著孩子、妻子、植物、樹、鳥時，你不帶責難、不帶認同的觀察，自然有全盤的交流；觀察者和被觀察事物之間有全盤的交流，在你深入、徹底的對某件事感興趣時，這一定會發生。

因此，在察覺和自我擴展的內省改進中有著巨大的差異，內省會導致挫折、導致更進一步、更大的紛爭；然而，察覺卻是從自我行為中解放的過程，是對你日常活動、思想和行動的察覺，還有察覺到別人，觀察他，只有在你愛著某人、對某件事深感興趣時才能做到；當我想要認識自己、我整個人、我整個內涵，而不只是一或兩層，那顯然不能有責難，而我就必須對每一個想法、每一種感情、所有的情緒、所有的壓抑敞開胸懷；隨著越來越擴展的察覺，就會有越來越大的自由從隱藏的思想、動機和追求的活動中掙脫出來。

提問者也想知道察覺的人是誰，當你有任何深刻的經驗，會發生什麼事？有這樣的經驗時，你察覺到你在經驗嗎？當你生氣、嫉妒或歡樂的那一秒，你有察覺到你在歡樂或生氣嗎？只有當經驗結束時，才會出現經驗者和經歷，然後經驗者才會去觀察經歷、經驗的主題，在經驗的那一刻，既沒有觀察者，也沒有觀察的事物，就只有經驗而已。大部分的人都沒有經驗，我們總是在經歷的狀態外，所以這問題是在問誰是觀察者、誰在察覺之中？這問題肯定是個錯誤的問題，是不是？在經歷的那一刻，就沒有察覺的人，也沒有他所察覺的對象，沒有觀察者，也沒有觀察之事，只有經歷狀態。大部分的人發現活在經驗的狀態中是非常困難的，因為那需要一種特別的柔軟度、快速、高度的敏感；而那在我們追求一個結果、在我們想要成功、在我們有個預期的目標、在我們算計時，是被否定的——這一切都帶來了挫折。一個沒要求任何事、沒在尋求結果、沒有把成果的含意挖掘殆盡的人，是在持續的經歷中。於是，一切都有了動作、有了意義；沒有舊的、沒有重複的，因為**真相**從來不會變舊，挑戰永遠是新的，舊的唯有對挑戰的回應；舊的會製造出更進一步的殘渣，也就是記憶，觀察者因而把自己和他所觀察、挑戰和經驗的分隔開來。

你自己就可以非常簡單、非常容易的經歷一下，下回你生氣或嫉妒或貪心或粗暴或隨便怎樣時，看看你自己，在那樣的狀態中，「你」已不再，只餘一種狀態，是在那一刻、那一秒之後，你才會稱呼、命名叫它嫉妒、生氣、貪心；所以你馬上就製造出了觀察者和受觀察的事物，經驗者和經歷，有了經驗者和經歷，經驗者就會試著修正經歷、改變它、記下它的事情等等，然後維持他本身和經歷之間的分隔。要是你不為那種感覺命名——意味著你不尋求結果，你不責難——那你就會在感覺、經歷的狀態下看到其中沒有觀察者，也沒有觀察之事，因為觀察者和觀察之事是個結合的現象，所以只有經歷。

內省和察覺完全不同，內省導致挫折，導致更進一步的紛爭，因為那蘊含了改變的渴望，而改變只是修正的持續。察覺是沒有責難、沒有正當化或認同的一種狀態，因此會產生了解；在那種被動的狀態中，警醒的察覺既不是經驗者，也不是經歷。

內省是一種自我改進、自我擴展的型式，永遠無法導向真理，因為它始終是一種自我封閉的過程；然而察覺是一種真理，**真相**之真理，日常生活的單純真理可以自然出現的狀態，只有在我們了解日常真理後，才能走得遠。你必須從近走到遠，但大部分的人都想要跳躍，從遠的開始而不去了解近在身邊的東西，隨著我們對近的了解，才會發現沒有所謂遠近之間的距離。根本沒有距離——開端和結束其實是一體的。

論關係

問題：你經常談到關係，對你而言那是什麼意思？

克里希那穆提：首先我要說的是世上沒有孤立這回事，活著就是有所關聯，沒有關係，就沒有存在。我們認為關係是什麼？那是兩個人之間、你與我之間一種相互連結的挑戰和回應，一種你丟出來、我接受或者反應，也是我丟給你的挑戰，兩個人的關係造就了社會；社會並非獨立於你與我之外，群眾不是自成一格的個別之體，而是在我們關係之內的你我創造了群眾、團體和社會，關係是兩個人之間互相連結的察覺。關係一般建立在什麼之上？不是建立在所謂的互相依賴、彼此互助上嗎？至少我們說是互相幫忙、扶持等等，可是實際上，撇開了文字、撇開了我們互相投注在彼此身上的情感煙幕，到底是建立在什麼之上？在互相的滿足上，對不對？要是我讓你不開心，你就會甩掉我；要是我讓你開心，你就接納我成為你的太太，或者你的鄰居，或者你的朋友，事實如此。

你所說的家庭是什麼意思？顯然是一種親密、交流的關係，在你家人當中、在你和太太／先生的關係中有交流嗎？那就是我們認為的關係，不是嗎？**關係意味著沒有恐懼的交流、自由了解彼此、直接的溝通，很顯然的，關係意味著——與人交流**。你有嗎？你有和妻子交流嗎？或許在身體上有，但那並非關係，你和妻子住在孤立之牆相對的兩邊，不是嗎？你有你自己的追求、野心，而她有她的，你們住在牆後頭，偶爾從上頭看一下——而你將其稱為關係，事實如此，不是嗎？你可能擴大它、軟化它、引進一套新字眼來形容它，但事實就是事實——你和另一個人生活在隔絕當中，而你把那種孤立的生活稱為關係。

如果兩人當中有真正的關係在，那意味著他們之間會有交流，涵義無限，那麼就沒有孤立；有愛而沒有義務或責任。義務或責任是躲在他們牆後孤立的那些人才會談的，**一個有愛的人不會談義務——他就只是愛而已，所以他與別人分享他的歡愉、悲傷、金錢**，你對此熟悉嗎？你和妻子、孩子有直接的交流嗎？顯然沒有，所以家庭只是個延續你姓氏或傳統，給予你想要的，不論是性或心理上的藉口而已，所以家庭變成自我不朽、傳承你姓氏的一種方式。家庭也用來做為滿足的方式，我在外頭的商業社會、政治世界中冷酷的剝削別人，而在家中試著仁慈和慷慨，多麼荒謬！

或者世界對我而言太沉重了，我想要祥和的話就回家，我在世上受了苦，就回家努力尋求安慰，因此我把關係當成了滿足的一個方式，代表著我並不想被我的關係所困擾。

於是關係在相互的滿足、滿意中尋求；如果你找不到那種滿足，你就會改變關係；要不是離婚，就是雖然繼續在一起，卻到別處去尋求滿足，或者從這段關係轉移到那段關係，直到你找到尋找的東西為止——滿足、滿意和一種自我保護及安慰感。那畢竟是我們在這世上的關係，也就是事實。尋求關係都是在安全、在你個人可以活在安全、滿足、無知狀態中進行的——這些總是在製造紛爭，是不是？要是你無法滿足我，而我偏偏在尋求滿足，自然會產生紛爭，因為我們都在彼此的身上尋求安全感；當那份安全感變得不確定時，你就會開始變得嫉妒、暴力、具佔有性等等，所以關係必定終結於佔有、責難及對安全感、舒服、滿足固執的要求，而其中自然沒有愛。

我沒談到愛，我們談著義務、責任，但其中並沒有愛；關係建立在滿足上，那是我們在現代文明中看到的結果，我們對待妻子、孩子、鄰居、朋友的方式，正是我們的關係中其實並沒有愛的一個指標，都只是在互相尋求滿足而已，若是如此，關係的目的何在？終極的意義是什麼？在你觀察與別人關聯中的自己時，難道沒有發現那種關係只是一種自我揭露的過程嗎？如果我察覺到，如果我夠警醒意識到自己在關係中的反應，我和你的接觸難道不會坦露出自己的生命狀態嗎？**關係是一種坦露自我的過程，也就是自覺的過程**；在坦露當中有許多不愉快的事、不安靜、不舒服的想法和活動。既然我不喜歡我所發現的，就會從一個不愉快的關係跑到一個愉快的關係；當我們只在尋求彼此的滿足時，關係就沒什麼意義了，反而會在做為一個自我揭露和自我察覺的方法時，變得意義非凡。

畢竟在愛中不會有關係，不是嗎？唯有在你愛某樣東西並期待有所回報時，才會出現關係，當你在愛的時候，也就是你把自己完全、整個交給某樣東西的時候，那就不會產生關係。

如果你真的在愛，如果有這樣的愛，那真是件了不起的事，在那樣的愛中沒有摩擦，沒有這個和那個，而是完整的一體。那是種統合的狀態，一個完整的個體，在擁有完整的愛、完整的交流時，的確會有這樣的時刻——罕見、快樂、喜悅的時刻。**一般常見的卻是愛並不重要，反而是其他、是愛的目標變得重要；給予愛的那個人會變得重要，而非愛本身，然後那愛的目標，因為各式各樣的理由，或生物學上、或口**

頭上或一種想要滿足、想要安慰等等的渴望變得重要，愛反而褪去，接著佔有、嫉妒和要求就製造了紛爭，愛因而越來越後退；愛越往後退，關係的問題就越失去意義和價值，所以愛是最難理解的事情之一，不能透過智慧急切的得到，不能被各式方式、手法和戒律操縱，是一種在自我活動停止時的狀態；如果你只是壓抑、閃躲或管制它們，就不會停止，你一定要了解各個不同意識層面裡的自我活動。在我們真正去愛、在沒有思想、沒有動機時，我們才會真正擁有美妙的時光，但因為那是如此罕見，所以我們會在記憶裡緊攀住不放，遂又在活得真實與我們日常生活間製造出一個柵欄來。

為了了解關係，重要的是得先去了解**真相**，了解依各種不同微妙的方式，確確實實發生在我們生命中的事，還有哪些才是真正有意義的關係。關係是種自我揭露；就因為我們不想暴露自我，才會躲藏在安撫之中，然後關係就失去了它非比尋常的深度、意義和美麗，**唯有愛，而且這愛不在於追求滿足時，才會有真實的關係，愛只在忘我、在不只一或兩個人之間，而是在與至高無上的交流、完全的交流時，愛才會存在；而那只會發生在忘掉自我時。**

論戰爭

問題：我們要如何解決目前的政治混亂和世上的危機？一個人可以做些什麼來阻止日益擴張的戰爭嗎？

克里希那穆提：戰爭是我們日常生活壯觀且血腥的投射，不是嗎？戰爭是我們內在狀態的呈現，是我們日常活動的放大，更壯觀、更血腥也更具毀滅性，但仍然是我們個人活動的結果，所以，你和我都得為戰爭負責，而我們可以做什麼來阻止它呢？顯然日益逼近的戰爭是你我都阻擋不了的，因為那已經在進行了；儘管目前主要是在心理層面上，不過已經發生了。既然已經在進行了，就無法阻止——爭論太多、太大而且已經發動了，可是你我看到這著了火的房子，可以了解火災的原因，可以離開它，用不可燃、不會再製造其他戰爭的不同材質，打造一個新地方，那正是我們所能做的。你和我看得出來是什麼製造了戰爭，**如果我們有興趣阻止戰爭的話，就要開始轉化身為戰爭源頭的自我。**

幾年前在戰時有位美國女士來找我，說她在義大利失去了兒子，而她還有個十六歲的兒子，她想要保住他。我們就這件事討論了一番，我跟她提議要救她兒子，她就必須放棄做美國人；**她必須停止貪婪、停止堆積財富、追求權力、主宰，而且在道德上單純——不只在穿著、外在的事物上，而是在她的思想、感情和關係上。**她說：「太多了，你對我的要求太多了，我辦不到，因為環境的力量大到我無法改變。」因此她得為失去兒子負責。

環境是可以由我們來控制的，因為我們創造了環境，社會則是關係、你和我加在一起的產物。如果你我在我們的關係中改變，社會就會跟著改變；光靠法律、強制來轉化外在的社會，而內在繼續腐化，繼續追求權力、地位、統治，就是在破壞外在，不論這外在是如何仔細或經由科學打造的也一樣，所以內在總會征服外在。

是什麼引發了戰爭——宗教、政治或經濟的？顯然是信仰，不管是相信國家主義，相信一個觀念或特定的教義，如果我們之間沒有信仰，只有善意和體貼，那就不會有戰爭了。但是我們被餵以信仰、觀念、教義，於是生出不滿，現今的危機有種特質，而身為人類的我們，要不遵循持續紛爭和戰爭不斷之道，即我們日常生活行動的結果走，要不看穿戰爭的緣由，然後背棄它。

引發戰爭的，顯然是對權力、地位、名氣、金錢的渴望；一種稱為國家主義的疾病，崇拜一面旗子；以及另一種叫做宗教組織的疾病，崇拜教義……這所有的一切都是戰爭的原因。不論哪一種宗教組織，如果你是一名信徒，如果你對權力貪婪，如果你是善妒的，你就注定會製造出一個終將毀滅的社會，所以再說一次，是要靠你，而不是領導人——不是所謂的政治人物及其他人，是靠你和我，但我們好像都不了解這一點。若是我們能夠真切的感受到自己行動的責任，快點為所有的戰爭、為這駭人的不幸畫上休止符該多好！但你瞧，我們漠不關心，一天吃三餐，繼續工作，保有我們或多或少的銀行帳戶，然後說：「看在老天爺的份上，不要打擾我們，走開。」**我們爬得越高，越想要安全感、永恆、寧靜，越不想被打擾，想要保持事情的原貌不動；但沒有什麼東西會維持不變，萬事都在崩解當中。我們不想要面對這些事，不想要面對你和我得為戰爭負責的事實。**你和我可能談著和平、開會、圍桌而坐討論，但內心裡，我們還是想要權力、地位，被貪念所激勵，處心積慮，我們是國家主義者的，我們被信仰、教義所束縛，為了這些，我們樂意赴死或者互相毀滅。你想這樣的人，你和我可以讓這世界和平嗎？為了得到和平，我們一定要祥和；而要活得祥和，意味著不會製造對抗。和平不是個理想，對我來說，理想不過是對**真相**的逃避、迴避，是與**真相**的對立，理想有礙**真相**的直接行動。想要和平，我們得有愛，得從不過理想生活開始做起，不但要直視事情的原貌，還要依其行動，轉化它們。只要每個人都在追求心理上的安全，我們所需的肉體安全——食物、衣服和庇護——就灰飛湮滅。我們在尋找的心理安全其實是不存在的；而如果可以的話，我們還是透過權力、地位、頭銜、名號，不斷的追求——所有這一切都在摧毀肉體上的安全。只要你正視，就會發現事實顯然如此。

把和平帶到這世界，必須終止所有的戰爭，在個人、在你和我身上一定要起革命，沒有這種內在改革的經濟革命是毫無意義的，因為飢餓是我們心理狀態的產物，也就是經濟條件失調的結果。為了終止悲傷、飢餓、戰爭，必須發動心理上的革命，但我們願意面對的人卻少之又少。我們會討論和平、制訂法律、創造新的聯盟、成立聯合國等等，但我們還是不會贏得和平，因為我們不會放棄我們的地位、權威、金錢、財產和愚蠢的生命。依賴別人是全盤的徒勞無功；別人無法為我們帶來和平，沒有領導人會為我們帶來和平，政府、軍隊、國家都不能。能夠帶來和平的是會導致外在行動的內在轉化，內在轉化不是孤立的，不是從外在行動中抽取出來的，相反的，**唯有正確的思考才有正確的行動，沒有正確的思考就沒有自覺，而你不認識自**

己，所以沒有和平。

要為外在戰爭畫上休止符，必須終止你體內的戰爭，你們有些人會點頭說：「我同意。」然後出門去做和過去十或二十年一模一樣的事情，你的同意只是口頭上的，毫無意義，世上的不幸和戰爭並不會因為你隨意的主張而終止，只有在你了解危險和自己的責任時，才會停止。要是你了解那痛苦，要是你看到立即行動的迫切性，毫不拖延，你就會轉化自己；只有在你自己祥和，與鄰居和平相處時，和平才會出現。

論恐懼

問題：我要如何擺脫那已經影響了我所有行動的恐懼？

克里希那穆提：我們所謂的恐懼是什麼？又在恐懼些什麼？世上有各式各樣的恐懼，我們雖不需要分析每一種，卻可以看出心中的恐懼是來自於當我們的了解和關係並不完整時，關係不只是在人與人之間，還在於我們和自然、我們和產業、我們和觀念之間；只要一天沒有充分的了解關係，就會有恐懼在，生命是一種關係，活著就要產生關聯，沒有關係就沒有生命，沒有任何東西可以孤絕的活著；只要心追求孤立，就會有恐懼在，恐懼不是個抽象的概念，它只會存在於和其他事物的關係中。

問題是，要如何擺脫掉恐懼，首先，任何被克服的東西都必須一次又一次的被征服，沒有任何問題可以被完全的克服和征服；可以了解、但無法全面征服，它們是兩個完全不同的過程，征服的過程會導致更深的困惑、更深的恐懼，為了抵抗、支配、和一個問題戰鬥，或者築起防禦線，只會製造更多的紛爭而已。反過來說，要是我們了解恐懼，一步步全面的深入，探索它全部的內容，恐懼就不會再以任何形式重現了。

如同我先前說過的，恐懼不是個抽象觀念，它只存在於關係當中。恐懼是什麼？推到極致，就是我們害怕不存在、不適宜，對不對？好，有不存在、不往前進的恐懼在，或者未知、死亡的恐懼在，能用決心、結論或者任何選擇來克服那樣的恐懼嗎？顯然不能。只會壓抑、昇華或者取代，製造更進一步的紛爭而已，不是嗎？因此恐懼永遠無法透過任何形式的戒律和抵抗來克服，事實必須清楚的看、感覺和經歷：恐懼無法透過任何形式的防禦或抵抗來克服，而透過尋求答案，或光是透過智力、口頭的解釋也不會有掙脫恐懼的自由。

那我們到底在怕什麼？怕事實或**關於**事實的觀念？我們是在怕一件事本身，或是怕它在我們**想法**中的模樣？比如說死亡好了，我們是怕死這件事，還是死這個想法？事實是一回事，而有關那事實的想法是另一回事，我怕的是「死」這個字眼，或者事實本身？因為我害怕那個字、那個念頭，所以我從來不了解事實，從來不看事實，和事實從來沒有直接關係，**唯有我和事實完全交流時，才不會有恐懼**，如果我和事實沒有完全交流，就會有恐懼，而只要我**對**事實有看法、理論，和事實就沒有完全的交流，所以我必須非常清楚我到底是在害怕字眼、念頭或是事實，如果我和事實面對面，那它就沒有什麼好了解的：事實就擺在眼前，我可以應付。要是我怕的是字眼，那就必須了解字眼，深入何謂字眼、稱呼、含意的整個過程。

比如說，一個人害怕孤單、怕痛、害怕孤單的痛苦，那份恐懼肯定是因為他從來沒有正視孤單，從來沒有和它完全交流才會存在，一旦對孤單這事實完全敞開了胸懷，就能夠了解它是什麼。但人們基於之前的知識，對它總有固定的想法和看法；這想法、看法、**關於**那事實之前的知識就會製造出恐懼，**恐懼顯然是命名、稱呼、投**

射一個符號去代表事實的結果；也就是說，恐懼是無法獨立在字眼、稱呼之外的。

這麼說吧，我對孤單有反應，我怕自己什麼都不是，我是在怕事實本身，或是因為我對這事實之前的認識，成為文字、符號、影像的知識喚醒了那份恐懼？怎麼會有對事實的恐懼？當我與事實面對面直接交流時，我可以看著它、觀察它，對這事實就不會有恐懼了。製造恐懼的是我**對於**事實，對於事實是什麼以及會做什麼的掛念。

是我對那件事實的看法、經驗、知識製造了恐懼，所以只要將那個事實口語化，給那個事實一個名字，然後認同它或責難它，只要像個觀察者一樣的評斷那個事實，就一定會有恐懼。思想是過去的產物，只會透過口語化、符號、影像而存在，所以只要思想還顧慮或者翻譯事實，就一定會有恐懼。

是心靈、做為思考過程的心靈製造了恐懼，思考是口語化的，沒有字眼、符號、影像，你沒有辦法思考；這些投射的影像、先前的知識、內心的掛念都投射在事實上，並從中浮現恐懼。只有當心能夠看著事實，不去翻譯它，不給它取名字、貼標籤時，才會有擺脫恐懼的自由，這是非常困難的，因為我們有了感覺、反應、焦慮，馬上會被心靈同化，賦予字眼，嫉妒的情緒被字眼所同化。我們有可能不去認同一種情感，不為它取名的直視那種情緒嗎？是賦予情感名字的舉動讓它持續下去，給了它力量，你一給了你稱為恐懼的東西名字，就強化了它；如果你可以不給它名稱，盯牢它，就會看到它枯萎掉。**有自覺時，才可能有免於恐懼的自由，自覺是智慧的開端，是恐懼的結尾。**

論無聊與興趣

問題：我對什麼事情都沒有興趣，但我看大部分的人都為許多興趣忙碌，我用不著工作，所以就沒工作，我應該從事些有用的工作嗎？

克里希那穆提：成為志工、黨工或同工——是那種嗎？因為你沒有其他的事好做，所以就變成改革者！如果你沒有事情好做，如果你覺得無聊，那何不安於無聊？為什麼不**就**安於那樣呢？如果你在難過，那就難過，別試著找方法掙脫，因為無聊是有無限意義的，要是可以了解，就與其共處吧。要是你說：「我很無聊，所以要做點其他事，」你就只是想要逃避無聊而已，而因為我們大部分的活動都是**逃避**，你在社交上及各方面的危害便更甚，你逃避的時候，要比你維持原狀時的災害更大，困難在於如何繼續留在裡頭，而不是跑掉；因為我們大部分的活動都是逃避的過程，所以不再逃避，而去面對它就變得極困難，因此如果你真的無聊，我很開心，並且要說：「徹底停下來，讓我們待在裡頭，讓我們看著它，你何必做任何事情？」

如果你覺得無聊，為什麼會無聊？無聊這東西到底是什麼？你對任何事情都不感興趣是為什麼？你會乏味一定有因有果：受苦、逃避、信仰、不中斷的活動讓心靈乏味，讓心智變得不好玩。如果你能夠找出為什麼覺得無聊，為什麼無趣，那你就一定能夠解決這個問題，不是嗎？那麼覺醒的興趣就會開始運作，要是你對自己為什麼無聊毫不感興趣，那就沒有辦法強迫自己對活動產生興趣，只不過是在做某件事而已——就像松鼠在籠子裡頭打轉，我知道大部分人耽溺的都是這種活動，但是我們可以從內心發掘，為什麼會處在這徹底無聊的狀態中；我們可以看到為什麼大部分的人都在這狀態中：我們在情感和心靈上都累壞了自己；我們嘗試了那麼多事情、感官刺激、娛樂活動和其他經驗，於是變得遲鈍、疲憊。我們參加一個團體，做一切它要我們做的事情，然後離開，接著再去找別的事情試試。要是一個心理醫生沒有用，就找另外一個或神職人員，如果不管用，就再去找另一個老師等等，不斷的嘗試。這持續伸展和放手的過程**是**累人的，對不對？就像感官一樣，很快就會讓心靈遲鈍。

我們做那個，我們從感官到感官，從興奮到興奮，直到我們真的筋疲力盡為止，了解了這一點以後，就不要再更進一步了，休息一下，安靜下來，讓心自己得到力量，不要強迫它。如同土地在冬天會自我更新一樣，當心靈被允許安靜下來時，也會更新自我。但能夠讓心靈安靜下來，讓它在這一切之後休耕是非常困難的，因為心一直都想要做事，當你真的肯讓自己呈現出原貌——無聊、醜陋、恐怖或不管是什麼——就有可能應付它了。

當你接受某件事，接受你的原貌時會怎麼樣？只有在我們不接受事情的原貌，並希望轉化它時，才會有問題——這並非說我在鼓吹滿足；相反的，要是我們接受自己原來的樣子，就會看到我們害怕、稱之為無聊、絕望、恐懼的東西經歷完全的改變和轉化。

所以，了解過程、了解自己思考的方式才會如我所說的那麼重要，自覺無法透過任何人、任何書本、任何心理學或者心理分析而得，必須由你自己去發現，因為那是**你的**生命；沒有加寬或加深自我的認識，做你想做的，警覺任何外在或內在的環境、影響——那會是絕望、痛苦、難過的流血大地。要超越心靈自我封閉的活動，你必須了解它們；而了解它們就是要察覺到關係中的行動，以及物、人和想法的關係，在那種身為鏡子的關係中，我們開始正視自己，不帶任何辯護或責難；而且對我們的心靈方式有更廣、更深的認識之後，才有可能推展下去；心才有可能安靜、接受真實。

論仇恨

問題：如果我百分之百的誠實，就得承認我幾乎討厭、有時是幾乎痛恨所有的人，那讓我的生活非常不快樂及痛苦。理智上我知道我就是這麼厭惡、這麼仇恨，但我無法處理，你可以教教我嗎？

克里希那穆提：我們說「理智上」是什麼意思？當我們說理智上知道某些事情時，我們是什麼意思？有理智上了解這回事嗎？或者只是心靈了解了那些字眼，因為那是我們和別人溝通的唯一方式呢？無論如何，我們可以只是口頭上、心智上真正的了解事情嗎？這是我們必須弄清楚的第一件事：這種所謂的理智上了解是不是一種障礙？我要不就了解某件事，要不就不了解，跟一個人說：「我理智上了解某件事。」是了解的一個障礙，那只是一部分的過程，因此是完全不了解。

問題是：「我這個生氣的、仇恨的人，要如何擺脫，或者妥善應付這個問題？」我們如何應付一個問題？一個問題是什麼？當然，問題就是讓我們不安的東西。

我是生氣的、仇恨的；我痛恨人，而那造成痛苦，我也察覺到了，我要怎麼辦？那是我生活中很不舒服的一個元素，我要做什麼、怎麼做才能真正的擺脫掉它——不只是暫時的脫離，而是徹底的獲得自由？我要怎麼做？

這對我來說是個問題，因為它困擾了我，如果它不是件不舒服的事情，對我就不成問題了，是不是？因為它造成了痛苦、不安、焦慮，因為我認為它是醜陋的，我想要甩掉它，所以我反對的事情就成為干擾，對不對？我在不同的時候、不同的心情下幫它取名字；今天我稱它為這個，明天叫它做那個，但是基本上我希望不受干擾，對不對？因為愉悅不會困擾人，我就接受且不想脫離，因為不妨害——至少目前不會，但是仇恨、厭惡是我生活中非常擾人的元素，所以我想要擺脫掉它們。

我關切的是不被打擾，而我想盡辦法要找到一個永遠不受干擾的方法。為什麼我不該被打擾？我一定要被打擾，才能有所發現，對不對？我必須經歷無比的變動、不安、焦慮以便有所發現，是不是？如果我不受干擾，就會一直沉睡，而那或許正是大部分人想要的——被撫慰、導入睡夢、遠離不安，找到孤立、隔離、安全。要是我不在乎被干擾——真正的那種，而不只是膚淺的，要是我不在乎被干擾，因為我想要追根究柢——那我對仇恨、對厭惡的態度就會經歷改變，對不對？要是我不在乎被干擾，那名稱就不重要了，對不對？「仇恨」這個字眼就不重要了，對不對？或是對別人的「厭惡」也不重要了，不是嗎？因為那樣我就是在直接經歷我稱為厭惡的狀態，而沒將那個經歷給口語化。

憤怒是一個讓人非常不安的質素，就像仇恨和厭惡一樣；我們很少人直接去經歷憤怒，而沒有把它給口語化，要是我們沒有將它口語化，沒有稱它為憤怒，就會產生不同的經驗，是不是？因為我們稱呼了它，就貶低了新經驗，或是把它固定在舊的名稱上，然而，要是我們不為它取名，那就是個直接了解的經歷，而這了解會把轉化帶進那個經歷中。

拿小氣當例子好了，大部分的人若是小氣也都不自知——對錢的事小氣，對原諒人小氣，你曉得吧，就是小氣。我確定我們對此很熟悉。現在察覺到了，要如何從那特性中掙脫出來——不是變得慷慨，那並非重點，要擺脫小氣就帶有慷慨的意思，但不是說你就得**變得**慷慨，一個人顯然必須察覺到此。你或許對捐一大筆錢給社會或朋友很大方，卻對給了一次較多的小費斤斤計較——你知道我所謂的「斤斤計較」是什麼意思，一個人對此是沒有意識的。當一個人察覺到此，會發生什麼事？我們會動用意志力去變得慷慨，試圖克服小氣，我們會約束自己要大方等等，但終究在一個比較大的圈圈裡頭，想要**變成**什麼的努力仍是小氣的一部分，所以要是那些事我們都不做，只是察覺小氣的含意，而不賦予它什麼名稱，我們就會看到徹底的轉化。

請經驗這事，首先，我們要受干擾，而顯然大部分的人都不喜歡不安，我們認為自己找到了一種生命模式——大師、信仰、不論是什麼——於是安定下來，就像擁有了一份官僚工作，餘生就在裡頭運作，我們以同樣的心態處理我們想要擺脫掉的各式特質，我們看不出受干擾、內在不安全、變得依賴的重要性，那當然只有在不安全中你才會發現、看到和明白？我們想要做擁有大筆金錢、輕輕鬆鬆的人，那樣的人就不會被干擾，因為他不**要**被干擾。

不安是了解的本質，而任何想要找到安全感的舉動都是了解的障礙，當我們想要擺

脫不安的事情時，當然是個障礙，如果我們可以直接經歷這種感覺，而沒給它命名，一定可以從中得到許多；然後就不再有爭戰，因為經驗者和經驗的事情已經合而為一，而那才是必要的。

論閒言閒語

問題：閒話有顯露自我的價值，特別是把別人顯露出來讓我知道。說真的，為什麼不利用閒話做為發覺事情的一種方法呢？這樣一來，聽到「閒話」這個被責難了幾世紀的字眼，我就不會打冷顫。

克里希那穆提：我不曉得我們為什麼要說閒話？不是因為它會顯露出別人給我們看，再說別人為什麼要顯露給我們看？你為什麼要知道別人的事情？為什麼這麼關心別人？首先要弄清楚的是，我們為什麼會閒言閒語？這是一種焦躁，不是嗎？就像擔心，這是一種不安心的指標，怎麼會有這種妨礙他人、想要知道其他人在做什麼、說什麼的渴望呢？閒言閒語是非常膚淺的心靈，對不對？那是被錯誤引導、追根究柢的心。如果我們不了解自己，怎會了解別人？要是我們不懂得自己的想法、做法、行為模式，要如何評斷別人？為什麼要如此關心別人？事實上，想要弄清楚別人在想什麼、感覺什麼、閒話什麼難道不是一種逃避？難道不是從我們自身提供了一個逃避所在？難道其中沒有干涉他人生活的渴望？不去處理他人的、不去妨礙他人的，難道我們自己的生活還不夠困難、還不夠複雜、還不夠痛苦嗎？否則怎麼會有時間用閒言閒語、殘酷、醜陋的方式去想別人？我們為什麼要做這種事？你知道吧，所有的人都在做，實際上等於每個人都在講其他人的閒話，為什麼？

我想首先我們會說他人閒話，是因為我們對自己思考和行動過程的興趣不夠高，想要看看別人在做什麼，用仁慈的方式說是進而模仿別人。一般而言，**當我們說閒話時，是在責難別人，但若仁慈的加以擴充解釋，說不定也是在模仿別人。**為什麼我們要模仿別人？難道不意味著我們自己極度的膚淺嗎？想要刺激、要超越自己去得到的，是顆極度沉悶的心靈，換句話說，閒言閒語是一種感官，對不對？我們沉溺其中。它可能只是另一種感官，但是這份想要發現興奮、抽離的渴望恆常存在，一個人要是真的深入這個問題，就會回復本色，顯示出一個人真的是非常淺薄，並且藉著談論他人來由外尋求興奮。**請在下一次說別人閒話的時候逮住自己；如果你有所察覺，**

就會對自己坦露出大半個原貌，不要藉著說你只是在探索他人之事來掩飾，那顯示了不安、興奮感、淺薄，缺乏對人真實、深刻的興趣，和閒言閒語毫無關係。

下一個疑問是要如何終止閒言閒語，那是下一個問題，不是嗎？當你察覺到自己在說人閒話時，要如何阻止閒言閒語？如果那變成一種習慣，一種日復一日持續的醜事，你要如何阻止？這問題會浮現嗎？當你知道你在說人閒話，當你察覺你在說人閒話，察覺這其中一切的含意時，然後你對自己說：「我要如何終止這件事？」難道你察覺到自己正在說閒話的那一刻，它不會自己叫停嗎？下回你在說人閒話時，去體驗這件事，看看當你察覺到自己在說些什麼、自己的舌頭失控時，你會多麼迅速的停止閒言閒語，完全不需動用到意志行動來阻止，只需要對你所說的有察覺、有意識，並看到其中的含意，你用不著責難或者把閒言閒語正當化，只要對它有所察覺，就會看到你能夠多快的終止閒言閒語；因為那揭露了一個人的行動方式和思考模式；在那樣的坦露中，一個人發現到了自己，那要比說別人閒話、別人在做什麼、想什麼重要得多。

大部分的人每天都在看充滿閒言閒語、世界性閒話的報紙，那是在逃避我們自己，逃避我們的渺小和醜陋。我們以為透過對世界大事的一個膚淺的興趣，就可以變得越來

越有智慧，越來越能夠處理自己的生活，這一切，當然是逃離自我的一種方式，不是嗎？我們是如此的空洞、淺薄，怕死了自己如此乏善可陳，以至於閒言閒語的舉動成為豐富娛樂、成為逃避自己的一種方式。我們試著用知識、儀式、閒話、團體聚會——用難以數計的逃避方式來填補自身的空虛，於是逃避變得非常重要，而不是了解**真相**，了解**真相**需要關注；知道一個人是空虛的、在痛苦當中，需要無限的關注，而且不逃不避，但是大部分的人都喜歡這類逃避，因為會快樂得多、喜悅得多。同樣的，當我們知道我們的原貌，要應付自己就會非常困難；那是我們要面對的問題之一，我們不知道要做什麼。當我知道我是空虛的，我在受苦，我就不知道要做什麼、該怎麼處理，便會再依靠各式各樣的逃避。

問題是要怎麼做？理所當然，一個人顯然是逃不掉的；因為那是最荒謬及孩子氣的，但當你以原貌和自己相對，你會做什麼？首先，有可能不要否認或者將其正當化，就只是與之共處嗎？——那是非常費力的，因為心靈會尋求解釋、責難、同化。如果它什麼也不做，光是繼續那樣，就像是接受了某件事一樣。要是我接受了我的皮膚是褐色的，事情就結束了；但要是我渴望變成淡一點的顏色，問題就來了。接受**真相**是最困難的；一個人只有在沒有逃避的管道時才做得到，而責難和辯護都是逃避的型式。因此，當了解了一個人為什麼要說閒話的整個過程，還有其中的荒謬、殘酷以及所牽涉到的一切時，他才會保留自己原來的樣子；而我們向來要不是毀滅它，就是把它改變成其他東西，要是那些事我們都不做，反而去了解，完全和它在一起，你就會發現那不再是我們所害怕的事，遂有了轉化的可能。

論批評

問題：批評在關係中佔有什麼樣的位置？建設性和破壞性的批評有何不同？

克里希那穆提：首先該問我們為什麼要批評？為了了解嗎？或者只是個惱人的過程？如果我批評你，就會了解你嗎？了解難道來自批判嗎？如果我想理解、不膚淺，想要深入的了解我與你關係的全部意義，是從批評你開始嗎？或者我去察覺你與我之間的關係，靜靜的觀察——不是投射我的意見、論斷、批評、認同或責難，但是默默的觀察發生了什麼事？要是我不批評，會發生什麼事？一個人很容易麻痺，對不對？那並不意味著如果我們嘮叨責罵，就不會麻痺；或許那會變成一種習慣，而我們透過習慣讓自己麻痺，但透過批判會有更廣闊、更深入的關係了解嗎？批判是建設或破壞性的並不重要——那真的不相干，因此問題是：「了解關係的必要心智狀態是什麼？」了解的過程是什麼？我們如何了解某件事？如果你對你的孩子有興趣，會如何了解他？你會觀察，看著遊戲中的他，研究他的各種情緒表現；你不會把自己的看法投射在他身上，不會說他應該做這個或那個，而是警醒的注意，不是嗎？積極的察覺，你就會開始了解那個孩子。如果你不斷的批評、不斷的注入自己的個性、特異性、看法，決定他應該要或不應該如何，以及其他的一切，你就在那份關係中製造了一個柵欄。不幸的是，大部分的人都為了塑造、干預而評斷；那給了我們一定的愉悅、一定的滿足去塑造某樣東西——和丈夫、孩子或任何人的關係。你從中感受到一種力量感，你是老闆，而其中有種莫大的滿足感，透過那樣的過程，當然不會了解關係，只有強奪豪取、想把別人強行塑造成你的獨特性、你的渴望、你的期待的特定模式，所有這些全是對了解關係的妨礙，不是嗎？

然後是自我批評。評斷自己、批評、責難或為自己辯護，那會帶來自己的了解嗎？當我開始評斷自己，難道不是限制了了解、開發的過程？內省這自我評斷的型式會敞開自我嗎？要怎樣讓敞開自我變得可能？一直分析、害怕、吹毛求疵——那當然無助於坦白。隨著敞開自我而來的是你會開始了解那是持續的察覺，不帶任何的責難、認同，必須要自動自發；你不能一直分析它、管束它、塑造它，自動自發是了解的基礎，如果我只是限制、控制、責難，我就停止了思考和情感的活動，對不對？我會在思考和情感的活動中，而不光是控制中有所發現。當一個人有所發現時，找出如何運用它就變得很重要。如果我根據一個理想行動，就是強迫自己進入一個特定的模式，其中沒有了解，沒有超越。如果我們可以不帶任何責難、認同來觀看自己，就有可能超越，也就是讓人接近一個理想的整個過程完全錯誤的原因。理想是自製的東西，並順應自我投射的影像，顯然不是解脫。

只有在心靈靜靜的察覺、觀察時，才可能有了解——做來非常費力，因為我們會在積極、不定、吹毛求疵、責難、辯護中雀躍，那是我們生活的全部架構；努力透過想法、偏見、觀點、經驗、記憶的簾幕，嘗試了解，是否有可能把這些簾幕完全擺脫掉，直接了解呢？當問題急迫時，我們當然會那麼做；我們不會試遍這所有的方法——我們會做直接的接觸。關係的了解只有在了解了自我評斷的過程，而且心安靜下來時才會出現。如果你聽我的話，並且不用太努力的試圖追隨我所表達的，我們就有可能了解彼此。但是如果你一直都在批評，丟出你的看法、說你從書本看來的、別人告訴你的等等，那你我之間就沒有連結，因為有簾幕擋在你我之間。如果我們雙方都努力找出問題當中的議題，都迫切的探索到底，找出其中的真相，我們就會連結起來，你的心就同時警醒又被動，會注意看其中何者為真，所以你的心靈活動必須非常迅速，不定泊於透過你特定的經驗所合併而成的任何觀念、理想、判斷或意見。一顆塞滿點子、偏見、意見，不管是贊成或反動的心，是不敏感的。

要了解關係，一定要有被動的察覺——那才不會毀了關係，相反的，那會讓關係有活力得多，有意義得多，然後在那關係中才有真感情的可能，有溫暖、有種親近感，不只是感性或感官。要是我們可以和萬事萬物如此接近，或有那種關係，我們的問題就可以輕易解決——財產的問題、佔有的問題，因為**我們佔有什麼，就是什麼**。佔有錢的人是錢，認同於財產的人是財產、房子或是家具，認同於想法和人也一樣；有佔有，就有關係。**我們大部分的人會佔有，是因為要是不佔有，就什麼都沒有，若不佔有、若不用家具、音樂、知識、這個和那個填滿我們的生活，我們就只是個空殼子，而那空殼子製造一大堆噪音，我們把那噪音稱之為生活；進而滿足，當它陷落、突破時，就出現了悲傷，因為你會突然發現你原來的模樣——一個沒有太多意義的空殼子。**察覺到關係中的內容是個行動，其中有真實關係的可能性在，有發掘莫大深度、莫大意義和了解何謂愛的可能性在。

論信神

問題：信神這件事裡頭有著想要更好的強烈動機在。你為什麼要否定神？為什麼不試著復興人對神之信念的信心？

克里希那穆提：讓我們廣泛而明智的看待這個問題，我沒有否定神——那樣做是愚蠢的，只是人若沉溺在沒有意義的文字當中，不會知道**真相**，說知道的人其實是不知道的；時時刻刻經歷真實的人跟真實之間，其實並不存在溝通之法。

信仰是真理的否定，信仰阻礙了真理；相信神不是找到了神，信或不信的人都不會找到神；因為真實是未知的，而你在未知中的信或不信，都只不過是自我投射，因此不是真的。我知道你相信，也知道那在你生命裡沒什麼意義，世上有很多人相信，好幾百萬的人相信神，並且從中獲得安慰。首先請問，你為什麼相信？你相信是因為那給了你滿足、安慰、希望，而你說它還給了生命意義。事實上，你的信仰沒什麼意義，因為你相信且剝削、你相信且殺戮、你相信一個宇宙之神，同時互相謀殺，有錢人也相信神；卻毫不留情的剝削、累積財富，然後打造一座殿堂，或者變成一個慈善家。

在廣島丟下原子彈的人說神與他們同在；從英國飛過去摧毀德國的人說神是他們的副駕駛，那些獨裁者、首相、將軍、總統，口裡全都掛著神，對神的信仰無限虔誠，他們有服務，有給人民更好的生活嗎？說他們信神的人毀了半個世界，而世界在一片悽慘中，透過宗教的偏狹，把人分成了相信和不相信的；導致宗教戰爭，顯示你的政治心態是多麼的強。

相信神是「期盼更好的生活的強大誘因嗎」？你為什麼需要一個生活得更好的誘因？當然，你的誘因必定是自己想要生活得更澄明、單純的渴望，不是嗎？如果你在找一個誘因，那就會對讓大家都有可能活下去失去興趣，只對自己的誘因感興趣，那可能和我的誘因不同——我們就會為動機吵起來。如果我們不是因為相信神，而是因為我們是人而快樂的生活在一起，我們就會分享製造的方法，以便為大家製造東西。由於缺乏明智，我們接受了一個超級明智的觀念，並稱之為「神」，但這個「神」、這個超級明智不會給予我們更好的生活；能夠導致更好生活的是明智，但如果有信仰、階級分化、權力掌握在少數人手裡、如果有孤立國家主義和獨裁的政府，就不可能出現明智，這些都顯示出缺乏明智，而有礙更好生活的是缺乏明智，並非不相信神。

你們的信仰沒有任何真實性，真實是你的樣子、你做的事情、你想的事情，而你對神的信仰不過是一種對你單調、愚蠢和殘酷生活的逃避，尤有甚者，信仰無可避免的會分化人：有印度教徒、佛教徒、基督徒、共產主義者、社會主義者、資本主義者等等；信仰、觀念是在分化，從來就不會把人團結在一起。你或許可以把一些人帶進團體裡，但是那個團體還是和另一個團體對立。觀念和信仰永遠不會統一，相反的，它們只會分化、崩解、毀滅，所以你對神的信仰其實是在世上散播不幸；雖可能帶給你片刻的安慰，實際上卻用戰爭、飢荒、階級分化和獨立個體殘酷行為的方式，給你帶來更多的不幸，你所有的信仰根本都無效，如果你真的相信神，如果那是你真實的經驗，你的臉上會有笑容，你不會摧毀人類。

那麼，什麼是神？神不是那個字，文字不是那個東西，要知道哪個是無限的、哪個是沒有時間性的，心必須擺脫時間，意味著心必須從所有關於神的想法、觀念中掙脫出來。你對神或真理知道些什麼？你對真理其實一無所知，你所知道的不過是文字、其他的經驗或是一些相當模糊的經歷片刻，那當然不是神、真理，沒有超越時間的範圍。想要知道超越時間的是什麼，一定要了解時間的過程，了解思想是時間、是轉換的過程與知識的累積，形成心靈所有的背景；心靈本身就是背景，無論有意識或無意識的、集體或個人的，所以心靈一定要擺脫掉已知的，意味著心靈必須完全安靜，而不是**強制**的安靜。心靈所得到的安靜若是個結果、是決定性的行動、練習、戒律後的成果，就不是顆安靜的心靈，被迫、控制、塑造、放進一個框框保持安靜的心靈並不是平靜的心靈。你或許有辦法短時間強迫一顆心進入膚淺的寧靜，但是這樣的心不是平靜的心靈。平靜只有在你了解整個思想的過程時才會出現，因為了解過程就是終止了它，而思想過程的終止，就是平靜的開始。

只有當心靈不只在上面一點的層面，而是基本、徹底的，在膚淺一點和深一點兩者的意識層面完全沉靜時——唯有在這時，未知才會出現。未知不是用心來經歷的東西，唯有沉靜可以經歷。如果心經歷了一切，獨缺沉靜，那麼它只是在投射自己的渴望，而這樣的心靈並不安靜；心只要不安靜，思緒只要以無論是有意識或無意識的任何形式在活動，就不可能有安靜。平靜是掙脫過去、知識、有意識及無意識的記憶的自由；當心完全安靜、沒有動用，當這安靜並非努力的成果時，永恆、永遠才會出現，那個狀態不是記憶的狀態——不會有個實體來記憶、來經歷。

所以，神或真理或隨便你要稱為什麼的東西，是一件時時刻刻都會出現的事，而且只在自由和自發的狀態，並非依據一個模式來管束心時才發生。神不是心的東西，並非從自我投射而來，只有在有美德、也就是自由時才會出現，美德就是面對**真相**，而面對事實是福佑的狀態。唯有當心受到保佑、安靜、本身沒有任何活動，沒有意識或無意識思想的投射——唯有在那時，永恆才會出現。

論記憶

問題：你說記憶是不完整的經驗，但我對你之前的談話留下鮮明的印象，所謂不完整的經驗是什麼樣的感覺？請仔細的解釋這個觀念。

克里希那穆提：我們所謂的記憶是什麼？你到學校去，學會了滿腦子的事實和技術性的知識，如果你是個工程師，你會運用這份技術性知識的記憶去造橋，那是實際的記憶，另外還有心理的記憶。你跟我說了某件事，喜歡或討厭的，而我保留了下來；當我下次碰到你，我帶著這份記憶，記得你說過什麼、沒說過什麼來與你互動。記憶有兩個面向，永遠互相關聯，所以並非切分得乾乾淨淨。我們知道實際記憶是生活的基礎，但心理記憶也是嗎？保留心理記憶的因素是什麼？是什麼讓人心理上記得侮辱或讚美？為什麼會保留特定的記憶而排除別的？顯然人們會保留愉快的記憶而迴避不愉快的。如果你留心觀察，就會發現痛苦的記憶比快樂的更快被拋開，不管在哪一個層面，或被叫做什麼。心靈就是記憶，心靈是過去的產物，從過去中挖掘，那就是記憶，一種調適過的狀態，我們帶著那份記憶面對生活，面對新的挑戰；挑戰永遠是新的，而我們的反應永遠是舊的，因為那是過去的結果，所以沒有記憶的經驗是一種狀態，而有記憶的經驗是另一種。也就是說，一直有挑戰，而且總是新的；我卻用舊反應、舊條件來面對它，那會怎麼樣呢？我吸收了新的，卻不了解它；還用舊的條件來經驗新的，所以對新事物只有部分了解，從來沒有完整了解。唯有充分的了解萬事萬物時，才不會在記憶上留下疤痕。

新的挑戰迎面而來，你卻始終用舊的來反應，然後扭曲它、賦予它偏見，所以對於新的並無充分的了解，新的遂被舊的吸收，還強化了舊的。這過程看似抽象，但如果你再仔細的湊近一些，就會發現並不困難。世界情勢要求一個新的手法，一個處理世界問題的新方式，因為世界問題永遠是新的。我們沒有辦法全新的接近，只因為我們總是用調配過的心靈、用國家、地方、家庭和宗教的偏見來接近，我們之前的記憶就像了解新挑戰時的一個阻礙，所以我們繼續耕耘並加強記憶，所以我們從來不了解新的，從來沒有充分、完整的面對挑戰，唯有當一個人能夠重新、清新、擺脫過去面對挑戰，才有豐碩的成果。

提問者說：「我記得你之前的談話，並留下鮮明的印象，那不完整的經驗是什麼感覺？」如果只有一個印象、一段記憶，顯然不是完整的經歷；如果你了解我所說的，看到了其中的真理，那就不是記憶。真理不是記憶，因為真理恆新，會不斷的自我轉化。你對上一次演講有記憶，為什麼？因為你把上一次演講當成指南，卻沒有充分的了解，你想要進入，而它就那樣無意識或有意識的保留下去。如果你徹底了解某件事，也就是看透了整件事的真理。我們的教育是培養記憶、加強記憶你的宗教禮拜和儀式，你的閱讀和知識全都是記憶的加強，我們認為那是什麼意思？我們為什麼要抱著記憶不放？我不知道你是否注意到隨著年齡的增長，一個人總會回頭看，看過去的喜悅、痛苦、歡樂；如果是年輕的，就會看未來，我們為什麼會這麼做？記憶為什麼會變得如此重要？理由簡單而明顯，就是因為我們不知道如何完整、徹底的活在當下。我們運用現在做為通向未來的方法，所以現在變得毫無意義，我們無法活在當下，因為我們是把現在當成了通向未來的管道，就因為我想要變成什麼，所以從來沒有完全了解自己，而要了解自己，搞清楚我現在到底是什麼模樣，並不需要耕耘記憶；相反的，記憶是了解**真相**的障礙。我不知道你是否注意到新思想、新感情只有在心不陷入記憶之網中才會出現，在兩個思想、兩段記憶出現間隔，而且這間隔可以維持時，從間隔中就會出現一個不再是記憶的狀態。我們有記憶，而且培養記憶成為延續的一種方式，只要還繼續培養記憶，「我」和「我的」就會變得非常重要，因為大部分的人都是由「我」和「我的」所組成的，所以記憶在我們的生命裡佔了非常重要的一部分。如果你沒有記憶，你的財產、你的家庭、你的想法就不會如此重要，以致加強了「我」和「我的」力量，並且耕耘記憶。如果你仔細觀察，就會看到在兩個記憶、兩個情緒間有間隔，而在非記憶產物的間隔中，有著「我」和「我的」之外非比尋常的自由，而那間隔是永恆的。

讓我們用不一樣的角度來看待這個問題，記憶當然是時間，對不對？記憶創造了昨天、今天和明天，昨天的記憶調節了今天，又塑造了明天，是過去透過現在創造了未來，時間的過程繼續下去，是想要轉變的意志。記憶是時間，而透過時間，我們期盼得到一個結果。今天的我是一個職員，假以時日和機會，我會變成經理或老闆，因此我必須有時間，而持著同樣的心態，我們說：「我會找到真理，我會接近神。」因此我必須有時間來了解，意味著我必須藉著練習、戒律以培養、加強記憶，來成為、來爭取、來獲得某種東西，意味著在時間上延續。我們希望透過時間來贏得永遠、達到永恆，你辦得到嗎？你能夠在時間之網中透過一樣是時間的記憶來捕捉永恆嗎？永恆只有在記憶，也就是「我」和「我的」終止時才可能出現，如果你看出其中的真理——也就是透過時間無法了解及接收永恆——那我們就可以進入記憶的問題。記憶技術性事物是基本的，但是保留自我，保留「我」和「我的」，賦予定義和自我持續的記憶，是完全有害於生命和現實的；因此並沒有昨日經驗的心理記憶力。

你看到了一次很美的日落，看到原野上一棵漂亮的樹，第一次看到時，你完全樂在其中，全然的陶醉；之後卻帶著想要再體驗一次的渴望回去。結果在帶著想要再體驗一次的渴望回去時，會怎麼樣？那份陶醉不見了，因為促使你現在回去的是昨天的日落記憶，那是一份催促，鼓吹著你去享受，昨天並無這份記憶，只有自動自發的欣賞、直接的反應；今天的你卻渴望重新捕捉昨天的經驗，也就是說，記憶介入了你和日落之間，因此沒了樂趣，沒了豐富、完整的美。同樣的，昨天有個朋友跟你說了些什麼侮辱或抱怨的話，而你保留了那個記憶；今天就會帶著那記憶和你朋友碰面，結果你不是真的在面對你朋友——而是帶著介入的昨日記憶而來，我們就這樣繼續用記憶包圍自己和所有的活動，因而沒有重生、沒有更新。我們與彼此敵對過，因為「我」和「我的」透過記憶而增強，記憶透過現在的行動而活絡過來，我們透過現在賦予記憶生命，但只要我們不賦予記憶生命時，它就會消失褪色，記住事實、記住技術性事物顯然有其必要，但是彷如心理記憶力的記憶卻對生命的了解與彼此的溝通有害。

臣服於真相

問題：臣服於神的意志和你所說的接受**真相**有什麼不同？

克里希那穆提：當然大不相同，不是嗎？臣服於神的意志意味著你已經知道神的意志，你不是在順應不知道的東西，如果你知道真相，便無法臣服於它，你將不再存在；**世上沒有所謂臣服於更高的意志這回事，如果你臣服於一個所謂更高的意志，那只是你自己的投射**，因為**真相**無法透過已知來得知，只有在已知終止時才會進駐，已知是心靈的一項創作，因為思想是已知、過去的結果，而想法只能製造它所知道的；所以已知並非永恆的，**當你臣服於神的意志，事實上是臣服於自己的投射；或許令人滿足、安撫人心，但卻不是真的。**

要了解**真相**，需要一個不同的過程——或許「過程」不是個正確的字詞，但我的意思是：比起只是接受或把自己交付給一個想法，想要了解**真相**確實困難得多，需要更大的智能、更大的察覺；想要了解**真相**不需要努力，努力只是個分心因子，要了解某件事、**真相**，你不能分心，對不對？要是我想要了解你在說什麼，我就不能聽音樂，聽外頭的人在說什麼，我必須全神貫注，否則察覺變得格外困難和費勁，因為我們的思考會分心，我們並不想知道**真相**，我們總是透過偏見、責難或同化的眼鏡來探求**真相**，而要移除這些眼鏡探求**真相**是很費力的。**真相**當然是事實、是真理，其他的只不過是逃避，不是真理。要了解**真相**，二元化的紛爭必須終止，因為變成**真相**之外東西的負面反應，就是否定了了解**真相**，如果我要了解傲慢，我絕不能進入反面，我絕不能因想要變化，或甚至只是想要了解**真相**的努力而分心。如果我傲慢，那會發生什麼事？要是我不賦予妄自尊大以名稱，它就會終止；那意味著答案就在問題本身，而且無須外求。

接受**真相**不是問題；你不接受**真相**，你不願接受你的皮膚是褐色的或白色的，因為那是事實；只有當你想要變成其他的東西時，你才非接受不可。你一認可了事實，它就不再有任何意義了；但一顆被訓練想著過去、想著未來，被訓練往多重方向逃離的心，是沒有辦法了解**真相**的，不了解**真相**，你就無法發現什麼是真的，而沒有那樣的了解，生命就沒有意義，生命是一場持續的戰鬥，痛苦與受苦不斷，唯有藉著了解**真相**，才能了解真實，如果有任何的責難和認同，就沒有了解。一顆始終在責難和尋求認同的心靈無法了解，只能了解捕捉到的東西。了解**真相**，察覺**真相**，顯示出非比尋常的深度，其中是真實、快樂和喜悅。

論祈禱與冥想

問題：想在祈禱中表達，難道不是與神交流的一種方式嗎？

克里希那穆提：首先我們來檢視這提問中的問題，裡頭提到了祈禱、專注和冥想，我們認為祈禱是什麼意思？首先，在祈禱中有你對所稱的神、**真相**的請願、懇求，是身為獨立個體的你，從某個你稱為神的東西身上要求、請願、乞求和尋求指引；因此你的做法是尋求回饋、尋求滿足的方式之一。你碰到了或是全國性、或是個人的麻煩，而你祈求引導；或是你心中有困惑想釐清，便向你所稱的神尋求幫助，也就是說，神——不管神是什麼，我們暫時不討論那個——會釐清你和我所製造的疑惑，畢竟帶來疑惑、悲慘、混亂、駭人專制、愛的缺乏就是我們自己，並且想透過我們稱為神的來清理這事，換句話說，我們是在冀望由別人來清理掉我們的困惑、不幸、悲傷和紛爭，祈求別人帶給我們光明和快樂。

當你祈禱、當你乞求、請願某樣東西時，通常會出現，你提出要求就會得到；可是你所得到的無法帶來澄明與了解，那只是種滿足，給予滿足卻並非帶來了解，因為當你要求時，你就得到了自己所投射的，真實、神要如何回應你特定的要求？真實、神怎麼會回應你特定的要求？那無限、無以名狀的會關切我們自己製造出來的渺小憂慮、不幸和困惑嗎？那個答案是什麼？顯然無限是無法回答有限、渺小、微小的，但是答案是什麼？在我們祈禱的時候，我們相當安靜，處在一個感受的狀態裡，然後我們的潛意識帶來暫時的澄澈。你想要某樣東西，你很渴望它，而在渴望、奉承乞求的時刻，你的感受性是很強的；你有意識、活動的心變得相當沉靜，無意識因此會投射自我進來，於是你有了答案，但那當然不是來自真實、來自無限的答案——而是你自己的無意識在回應，所以我們可別搞不清楚，認為你的祈禱得到回應時，自己就和真實連上了關係；真實必須自動前來，無法由你向外求來。

在這祈禱的問題中，還牽涉到另一個元素：我們稱為內在聲音的反應。如同我所說的，當心在懇求、請願時，它是非常靜止的；當你聽到內在聲音時，其實是你自己的聲音將本身投射到相當平靜的心上，同樣的，那怎麼可能會是真實的聲音？一顆困惑、無知、渴求、要索、請願的心，如何能夠了解事實？只有在完全靜止，無論是為你自己、國家或其他人都不要索、不渴望、不要求時，心才能接收真實。當心完全平靜，渴望終止，唯一的真實才會出現。一個要索、請願、懇求、渴望指引的人會找到他所尋找的，但那並非真理，他所接收到的會是自己心靈無意識層面的反應，投射進意識層面；那指引他穩定、小小的聲音並不真實，不過是無意識的反應而已。

在這祈禱的問題中，也包含了專注的問題，對大部分的人來說，專注是排外的過程，專注透過努力、衝動、指引、模仿而來，所以專注是個排外的過程。我對所謂的冥想有興趣，可是我的思想是分心的，所以我努力把心定在一張照片、一個影像或一個念頭上，並且排除掉其他所有的想法。這排外的專注過程被視為冥想的方式之一，正是你在做的事情，不是嗎？當你坐下來冥想，你把你的心定在一個字眼、一個影像或一張圖畫上，可是心卻到處遊走，不斷的被其他的觀念、想法、情感所打斷，而你想要把它們推開；你把時間花在和你的思想對抗，這個你稱為冥想的過程，也就是說，你試著集中精神在某件你並不感興趣的事情上面，而你的想法繼續繁殖、增加、中斷，所以你是把精力花在排外、躲避上；要是可以專注在你選擇的想法、特定的目標上，你就以為至少在冥想上，自己成功了，但那當然不是冥想，對不對？冥想並非排外的過程——排外的意思就是在躲避、防禦侵害的點子。祈禱不是冥想，而排外的專注也非冥想。

什麼是冥想？專注不是冥想，因為有興趣，就很容易專注在某件事上。一個在計畫戰爭、屠殺的將軍是很專心的，一個在賺錢的商人是很專心的——甚至可能冷酷無情，把其他的感覺拋開，專注在他想要的東西上頭，一個對一切都有興趣的人是自然而然、自動自發的全神貫注，這樣的專注不是冥想，只是排外。

所以說，冥想是什麼？冥想當然就是了解——心的冥想是了解，要是有排除，哪來的了解？有請願、有懇求時，怎麼會有了解？在了解中有和平、有自由；那就是你了解的，接著從中解脫，只是專心或者祈禱無法帶來了解，了解是非常基礎、非常基本的冥想過程。你用不著接受我的解釋，可是如果你非常仔細、深刻的檢視祈禱和專注，就會發現兩者都達不到了解，只會導致頑固、固守、幻象，然而其中有了解的冥想卻會帶來自由、澄澈和統合。

那我們認為了解是什麼意思？了解意味著給予所有的事情正確的意義、正確的價值，無知就是給予錯誤的價值；愚蠢的終極特性就是缺乏對正確價值的認知，有了正確的價值，建立起正確的價值之後，了解就會出現。而一個人要如何建立正確的價值——財產的正確價值、關係的正確價值、想法的正確價值？要讓正確的價值進入生命裡，你必須先了解思想者，不是嗎？如果我不了解思想者，也就是我自己，我所選擇的就毫無意義；意即如果我不了解自己，那我的行動、思想就沒有任何基礎可言。所以，自覺是冥想的開端——不是你從我的書裡、從權威、從精神導師拾撿的知識，而是透過自我探索、也就是自覺而來的知識。**冥想是自覺的開端，沒有自覺，就沒有冥想。**如果我不了解自己的思考和情感，如果我不了解我的動機、渴望、要求和行為模式，也就是想法的追求——如果我不了解自己，就沒有思考的基礎；**光是問、祈禱、排外，而沒有了解自己的思考者，無可避免的會終結於困惑、幻象。**

冥想的開端是自覺，意味著察覺到思想和感覺的每一個動作，知道我意識的所有層面，不只是膚淺的層面，而是隱藏、深藏的活動，要知道那些深藏的活動，隱藏的動機、反應、思想和感情，意識心靈中一定要有寧靜；也就是說，意識心靈必須靜止，以便接收無意識的投射。膚淺、意識心靈被其日常活動、賺取生計、欺騙他人、利用別人、逃避問題——我們日常生活的一切活動所佔據，那膚淺心靈必須了解其活動的正確含意，然後為本身帶來寧靜，沒有辦法光靠統治、強迫、戒律帶來澄澈、平靜，只有藉著了解其活動、觀察它們、察覺它們、正視它本身的冷酷、看它如何對僕人、妻子、女兒、母親等等對話，才可能帶來澄澈、和平、沉靜。當那膚淺的意識心靈全盤察覺本身的活動，透過那份了解，自動變得安靜，沒有被衝動下藥或被渴望統合；那就站在一個接收冥想、接收無意識及心靈許許多多隱藏層面暗示的位置上——種族的本能、隱藏的記憶、隱匿的追求、還沒有痊癒的深刻傷口，只有當所有的這些都自我投射並得到了解，只有卸下整個意識、任何傷口、任何記憶時，才有可能接收到永恆。

冥想是自覺，沒有自覺就沒有冥想，如果你並非隨時察覺到所有的反應，要是你沒有充分的意識、充分知道你每日的活動，只是把你鎖在房間裡，坐在**精神導師**、大師的照片前冥想，那不過是在逃避。因為沒有自覺，就沒有正確的思想，而沒有正確的思想，不管你的動機多高貴，所有的一切都毫無意義。因此沒有自覺的祈禱毫無意義，可是有自覺的就有正確的思考，因而有正確的行動。有了正確的行動時，就沒有困惑，因此不會懇求別人來引導你走出來。一個充分察覺的人是冥想的；他不祈禱，因為他什麼都不要。祈禱、管轄、透過重複以及其他的一切，你可以帶來一定的沉靜，但那只是沉悶，將心靈和心智折損到筋疲力盡的狀態，那是在毒害心靈，而且排外，你卻將其稱為專注——沒有任何排外可以導向真實。能帶來了解的是自覺，而如果有正確的動機，要察覺並非很困難的事。如果你有興趣發掘整個過程——不只是膚淺的部分，而是整個生命的過程——那就相當容易。如果你真的想要認識自己，你會搜尋你的心靈和心智，搞清楚所有的內容，而有想要知道的意願時，你就會知道，然後你可以不帶責難或辯護的遵循思想和感情的每一個動作；藉著遵循每一個浮現出來的思想和感情的動作，你會得到非強迫、非統一化的澄靜，但這是沒有問題、沒有對立的結果，就像一座在某個無風的夜裡變得平穩、安靜的湖：當心靜下來時，也就是無限進駐時。

論意識與無意識的心靈

問題：對於無意識的心靈，意識心靈既無知且恐懼。你主要都在說意識的心靈，那樣就夠了嗎？

你的方法能夠帶來無意識的解脫嗎？麻煩仔細的解說一個人要如何充分的處理無意識的心靈。

克里希那穆提：我們都知道心靈分意識及無意識兩種，但是大部分的人只在心靈上層有意識的層面運作，而整個生活實際上也侷限於此。我們活在所謂的意識心靈中，從來沒有關注深一層的無意識心靈，從那裡偶爾會出現個示意、暗示，然後我們依照自己當時特定的意識需求予以忽視、防止或演繹。這位提問人問：「你主要都在說有意識的心靈，那樣就夠了嗎？」首先看看我們所謂有意識的心靈是什麼意思，有意識心靈有別於無意識心靈嗎？我們把有意識心靈和無意識心靈分開來，合理嗎？確實如此嗎？在有意識和無意識中有條界線嗎？在意識結束和無意識開端之間有絕對的界線嗎？我們察覺到那個上層、那個有意識心靈是活絡的，但那是活絡日子的唯一工具嗎？如果我光說心靈的上層，那我說的話當然就沒有價值和意義，但是我們大部分的人卻依然緊攀住有意識心靈所接受的不放，因為有意識心靈發現要去適應特定的事實是方便的；但無意識卻可能反抗，而且還常常反抗，所以有意識和無意識心靈間就會產生所謂的紛爭。

我們的問題在此，對不對？事實上只有一個狀態，沒有分有意識和無意識的兩個狀態；只有一個狀態，那就是意識，儘管你可能會把它分成有意識和無意識的，但那意識總是過去，從來不是現在；你只對已經結束的事情有意識，你察覺到了我在那一秒後想要傳達的，對不對？你在剎那之後了解，你永遠意識或察覺不到當下。注意看你的心靈和心智，你就會看到意識在過去和未來之間運作，而現在只不過是過去和未來間的一個管道，意識因而成了從過去到未來的活動。

要是你看運作中的心靈，就會發現過去及未來的活動，是個不存有現在的過程，要不是過去成為了逃避可能是不愉快的現在的方式，不然就是未來成為遠離現在的一個希望，所以，心總是被過去和未來所盤據，而把現在排除在外，也就是說，心被過去所條件化，調節成一個印度人、一個有教養或沒教養的人、一個基督徒、一個佛教徒等等，而那受條件支配的心將自己投射進未來，也就永遠沒有辦法不偏不倚、正視任何事實，要不是非難或排拒事實，就是接受並以事實來定義它。這樣的心顯然沒有能力把任何事實當事實來看，亦即我們的意識狀態受過去的條件支配，我們的思想則是條件化的反應，應對一個事實的挑戰。你越根據信仰、過去的條件調適來回應，過去的力量就越強；加強過去顯然就是在延續本身，也就是它所謂的未來，那便是我們的心態、我們的意識狀態——一個在過去和未來間前後擺動的鐘擺。那是我們的意識，不只由心靈比較上面的層次，也由比較下面的層次一起組合而成，因為它只知道前後那兩個動作，所以這樣的意識顯然無法在不同的層面上運作。

要是你看得非常仔細，就會發現它並非持續的動作，而是兩個想法間的一個間隔；也許只是一秒間的微小片段，在鐘擺的前後擺動間還是會有個有意義的間隔，我們看到了我們的思想被過去條件支配的事實，並且投射到未來；你一認可過去，一定也得認可未來，因為沒有所謂的過去和未來兩個狀態，只有一個狀態，包含了意識和無意識，整體的和個別的過去。整體的和個別的過去，在回應現在時，做出特定的回應，創造了個別的意識；所以，意識是過去的，也是我們生命的整個背景，你一有了過去，無可避免的就有了未來，因為未來不過是修潤過去的延續，但仍是過去，所以我們的問題就是如何把轉化帶進這個過去的過程中，而不製造出另一個條件化、另一個過去來。

用個不同的說法來說，問題就是：大部分的人都會否決一個特定的條件模式，再去找另一個模式，一個更廣闊、更有意義或更愉悅的條件化，你會放棄一個宗教，選擇另一個，否決一個型式的信仰，接受另一個，這樣的替代顯然並不了解生命，我們的問題在於要如何從所有的條件化中掙脫出來，要不你直接說那是不可能的，沒有一顆心可以擺脫條件的支配，不然就開始去體驗、探索、發現。要是你主張那是不可能的，顯然你就沒有獲勝機會。你的主張可能基於有限或寬廣的經驗，或基於只是接受了一個信仰，但是這樣的主張是在拒絕搜尋、研究、探索、發現的，要發掘心靈是否可能擺脫所有的條件支配，你一定得自由的探索和發現。

我說心要掙脫所有的條件支配是絕對可能的——不是說你得接受我的權威，要是你基於權威接受，永遠都不會有發現，那只會成為另一個替代物，而且沒有意義，當我說它有可能時，是因為這是個事實，而且我可以在口頭上表現給你聽，但要是你想自己找到真理，就必須親自去體驗，並且快速跟隨。

對條件支配過程的全盤了解不會透過分析或內省降臨在你身上，因為你一分析，就有了分析者，而分析者本身就成了背景的一部分，他的分析就變得毫無意義了。這是事實，而你必須把它擱置一旁，那個檢驗的分析者，那個分析他看的東西的人，自己就是條件化狀態的一部分，所以不管他的演繹、了解、分析是什麼，仍是背景的一部分，因為那樣，所以無處可逃。打破背景是必要的，因為要面對新的挑戰，心必須是新的；要發現神、真理或是隨便你想要叫做什麼，心必須是鮮活、不受過去污染的，透過一系列的實驗分析過去，達到一個結論，主張、否決等等，推到極致，是在用各種方式暗示背景的持續；當你看到這事實的真相時，你會發現分析者停了下來，沒有脫離背景的實體：只有是背景的思想，是記憶反應的思想，有意識和無意識的、個人和集體的皆備。

心靈是過去這依照條件調整的結果，那樣的心要如何自由？想要自由？心不只得看到並了解它在過去和未來間的鐘擺式搖擺，也必須察覺思想間的間隔，那種間隔是即興的，並非透過任何因果關係、任何希望、任何強迫而來。

要是你看得非常仔細，就會發現透過那似乎很快的思想反應和動作，在思想之間有著隔閡、間隔，在兩個思想間有一段沒有和思想過程連結的沉默，要是你觀察，你會看出那段沉默、那段間隔不是時間，而發現那段間隔，充分經歷那段間隔會把你從支配當中解放出來——或者不是解放「你」，而是掙脫調配，所以對思考過程的了解就是種冥想，我們現在只是在討論思考的結構和過程，也就是記憶、經驗、知識的背景，但同時我們也試著找出是否能夠把它從背景中解放出來，只有當心不再讓想法繼續，當它保持並非誘發而來的靜止，其中不見任何因果關係時——唯有在那時，才會有擺脫背景的自由。

論性

問題：我們知道性是生理及心理上一個無可避免的需求，在我們這一代，它似乎成了個人生活中一個混亂的根源，我們要怎麼解決這個問題？

克里希那穆提：為什麼我們會將碰觸到的一切都變成問題？我們將神變成問題，將愛變成問題，將關係、生活變成問題，還將性變成問題，為什麼？為什麼我們所做的一切都會變成問題、變得恐怖？我們為什麼會受苦？為什麼性會變成問題？為什麼我們會甘願忍受有問題的生活，為什麼不想辦法予以終止？為什麼我們不殺死我們的問題，反而日復一日、年復一年的帶著它過活？性當然是個相關問題，但是還有個更主要的問題，那就是為什麼我們要將生活變成一種問題？工作、性、賺錢、思考、感覺、經驗——你知道，這些就等於生活的所有了——為什麼是問題？難道不是因為本質上我們總是從一個特定的、固定的觀點思考嗎？我們總是從中心向圓周外來思考，但是對大部分的人來說，圓周就是中心，所以我們碰觸到的任何事都是表層的，但生命不是表層的，它要求活得完整，但因為我們只是表層的活著，只知道表層的反應，不論我們在圓周上做什麼，無可避免都會製造出問題，而那就是我們的生命：我們活在表層中，於是滿足在表層問題下的生活。只要我們一直活得表層、活在週邊，而週邊成為「我」以及其知覺就會具體化，或者變成主題，會認同於宇宙、國家，或者其他由心靈組合而成的東西。

只要我們還活在心靈的範圍內，就一定會有麻煩和問題，這是我們所知道的。心靈是感官的，心靈是累積知覺和反應的結果，而它所碰觸的一切注定會製造不幸、困惑和無盡的問題。心是我們問題的真正緣由，就是那有意識或無意識，日以繼夜機械運作的心。心是最表層的東西，我們卻把好幾代的時間、把整個生命拿去耕耘心靈，讓它越來越聰明、越來越敏感、越來越機伶、越來越不誠實及扭曲，所有的這一切都彰顯在生活中每一個活動上，我們心的本性是不誠實、扭曲、無法面對事實的，而就是那事製造了問題；那就是問題本身。

我們認為性的問題是什麼？是那個行為本身，還是關於那行為的想法？當然不是那個行為本身。性行為對你而言不成問題，就像吃也不是問題一樣，可是如果你因為沒有其他的事情好想，而整天想著吃或者另一件事的話，它就會變成問題了。問題在於性行為本身或者關於那行為的想法——為什麼你會想著它？為什麼你會如你現在正在做的架構起這個問題？電影、雜誌、故事、女人穿衣的模式，一切都架構起你性的想法，為什麼會建立起那樣的心思？心究竟為什麼會去想性？為什麼？它為什麼會變成你生活的中心議題？當週遭有這麼多事情召喚、要求你的注意，你卻把所有的注意力都給了關於性的想法，究竟發生了什麼事，為什麼你的心會被它佔據？因為那是一種終極的逃避，不是嗎？是一種全然忘我的方式，當下，至少在那一刻，你可以忘掉自己——沒有其他方式可以忘掉自己了。你在生活中做的其他事都強調「我」，強調了自我，你的事業、你的宗教、你的神、你的領袖、你的政治和經濟行動、你的逃避、你的社交活動、你參加一個宴會並拒絕另一個——全都在強調，並且賦予「我」力量。也就是說，只有一個動作中沒有強調「我」，於是它成了問題，對不對？你生命中若只有一件事是終極的逃避管道，能夠讓你忘我，即便只忘掉幾秒鐘，你就會攀住它不放，因為那是你唯一的快樂時刻，你碰觸的其他議題因而全變成了惡夢，變成受苦或痛苦的來源，所以你會攀住能夠讓你完全忘我，也就是你稱為快樂的一件事不放，但一旦攀住了它，它也就變成了惡夢，因為接下來你會想要抽離它，不想受它奴役，所以再度從心發明出貞潔或者禁慾的念頭，然後透過壓抑試著守貞、禁慾，所有這些都是心的運作，將其切離事實，這又再次強調了想要變成其他東西的「我」，所以你會再度陷入陣痛、麻煩、努力、痛苦當中。

只要你還不了解思索這問題的心靈，性就會變成一個非常困難及複雜的問題，行動本身從來就不成問題，但對於行動的想法卻可能製造問題。你警戒的行動，你悠閒的生活，或者將自己沉溺於婚姻當中，遂將你的太太變成了娼妓，這一切顯然都是正當的，你也很滿足於此，問題當然只有在你明白「我」以及「我的」整個過程：我的太太、孩子、財產、車子、成就、成功時，才可能獲得解決；在你了解並解決這一切之前，性會一直是個問題。只要你還有野心，無論是政治、宗教或其他各方面，只有你還強調自我，那思想者、經驗者，不管是用你自己身為獨立個體之名，或者藉國家、政黨或你稱為宗教的念頭之名來餵養他的野心——只要有這種自我擴張的活動，你就會有性的問題，你是一方面在製造、餵養、擴張你自己，另一方面在試著忘掉你自己、迷失自己那麼一下下，這兩者如何同時存在？你的生活成了個對立，強調「我」和忘掉「我」；性不成問題，問題是你生命中的這個對立；而對立沒有辦法靠著心來連結，因為心本身就是對立，而只有在你充分了解自己日常生活的整個過程後，才能了解對立。進電影院去欣賞銀幕上的女人，看刺激那個想法的書籍，翻閱充滿半裸照片的雜誌，你看女人的方式，吸引你的那偷偷摸摸的眼神——所有這些都在透過迂迴的方式鼓勵心靈強調自我，而同時你又試著想要仁慈、有愛心、溫柔，兩者根本無法共存，有野心的人，無論是在精神上或其他部分，都沒有辦法完全沒問題，因為問題只有在忘掉自我、在「我」不存在時，才會終止，而自我不存在的狀態不是意志行為，不只是一個反應。性在心靈嘗試解決問題時，就會變成一個反應；而那只會讓問題變得更困惑、更麻煩、更痛苦。行動不是問題，但心是問題、說要貞潔的心有問題。貞潔並非心靈，心只為壓抑它自己的行動，而壓抑並非貞潔，貞潔不是美德，貞潔也無法培養。培養謙虛的人絕不是個謙虛的人，他有可能把他的驕傲稱為謙虛，但他仍是個驕傲的人，也因為如此，才會想要變得謙虛，驕傲永遠不可能變得謙虛，而貞潔也不是心靈之物——你沒有辦法變得貞潔，唯有當愛存在時，你才會懂得貞潔，而愛並非出於心，也非心的產物。

因此，直到心靈了解為止，否則折磨世上那麼多人的性的問題，是沒有辦法獲得解決的。我們沒有辦法停止思考，但是當思考者停下來時，思想才會告一段落，而唯有在了解整個過程時，思考者才會停下來。思考者和他的思想間有間隔時，恐懼就會浮現；而在沒有思想者的時候，思想中才不會有紛爭，有著不需要努力去了解的含意。思考者是透過思想而來的；然後思考者努力去塑造、控制他的思想，或者為它們畫上休止符。思考者是個虛幻的實體，是個心靈的幻象，有這思想的了悟成為事實時，就沒有必要去思考事實了，要是有簡單、不經選擇的察覺，事實中的含意就會開始顯露出來，那麼想法就不會再成為事實，你就會看到啃噬我們的心智和心靈的問題、我們社會結構的問題可以獲得解決，然後性便不再是個問題，會回到它正確的位置上，既不是件不純潔的事，也不是件純潔的事，性有它自己的位置；但是當心賦予它優越的位置時，它就變成了問題。心會賦予它優越的位置，是因為沒有些許快樂，就沒辦法活下去，所以性就變成了問題；當心了解了它整個過程，就會告一段落，也就是思想終止，然後就會有創造力，而讓我們快樂的就是那份創造力。達到那種創造力狀態是種福佑，因為在忘我當中沒有自我的反應。這不是日常性問題的抽象答案——而是唯一的答案。心靈否決愛，而沒有愛，就沒有貞潔；**是因為沒有愛，你才會將性變成了問題。**

論愛

問題：你說的愛是什麼意思？

克里希那穆提：我們將藉著了解愛不是什麼來發掘答案，因為愛是未知的，我們必須從拋棄已知中甦醒過來，用一顆充滿已知的心無法發現未知的事情，我們要做的是找出已知的價值，看著已知，而在不帶責難、僅僅單純的看著它時，心就會從已知當中掙脫出來；那我們就會知道什麼叫做愛，所以我們必須負面、而不是正面的去接觸愛。

對大部分的人來說，愛是什麼？當我們說愛某個人的時候，是什麼意思？是我們擁有了某個人的意思，從那份擁有中生出嫉妒，因為要是我失去了他或她會怎麼樣？我會覺得空虛、失落，所以我將佔有合法化；我擁有他或她，從擁有、佔有那個人，就會生出嫉妒，就會有恐懼和從佔有而生的無數紛爭，這樣的擁有當然不是愛，對不對？

愛顯然不是感情，變得感性、情緒化不是愛，因為感性和情緒都只是感官，一個為耶穌或克里希納（譯註：《薄伽梵歌》中的救世神，以及創生和管理宇宙的神）、為他的**精神導師**或其他人哭泣的信徒只是感性、情緒化的，他沉溺在感官中，那只是思想的過程，而思想並非愛，思想是知覺的結果，所以感性的人、情緒化的人不可能明白愛。再說一次，我們不都是情緒化、感性的嗎？感性的、情緒化的，都只是一種自我擴張的方式，充滿了情緒並非愛，因為一個感性的人在他的感性得不到回應，在他的情感沒有宣洩管道時，就可能變得殘酷。一個情緒化的人可能被挑動去仇恨、戰爭、屠殺，一個感性、對他的宗教充滿眼淚的人，當然沒有愛。

那寬恕是愛嗎？寬恕有什麼樣的含意？你侮辱了我，所以我生氣，我記住了；接著或透過強迫，或透過悔改，我說：「我原諒你。」首先我記住，然後我排拒，那代表了什麼？我仍然是中心人物，我仍是重要的，是我在原諒別人。只要有原諒的姿態在，我就是重要的，而不是那個假定為侮辱了我的人，所以當我累積了厭惡，再否決那份厭惡；你所謂的原諒不是愛，一個有愛的人顯然沒有敵意，也不關心這一切。**同情、寬恕，佔有、嫉妒和恐懼的關係——這些東西都不是愛，它們全都出於心，不是嗎？只要心是決策者，就沒有愛，因為心只會透過佔有來作決策，而那樣的決策只不過是另一種型式的佔有而已。**心只會腐化愛，沒有辦法生出愛來，沒有辦法賦予美，**你可以寫一首關於愛的詩，但那仍舊不是愛。**

顯然在沒有真正的尊重，在你不尊重別人，不管他是你的朋友或僕人時，就沒有愛。難道你沒有注意到你對僕人，對所謂「低於」你的人並不尊重、慈悲和慷慨嗎？你會尊重那些高位的人、尊重你的老闆、尊重百萬富翁、尊重有大房子和頭銜、尊重可以給你更高的位子、更好的工作、可以從他身上得到某種東西的人，卻踢走那些低於你的人，面對他們你有種特殊的言語。因此沒有尊重之處，就沒有愛；而大部分的人都在這種無愛的狀態中，我們既不可敬，也不仁慈或慷慨，我們是佔有性的、充滿了感性和情緒，只會轉向以下兩者之一：殺戮、屠殺，或是統一某些愚蠢、無知的企圖，所以怎麼會有愛呢？

唯有當這所有的一切終止，告一段落時，只有當你不再佔有，當你不只是激情的奉獻於一個目標時，你才會明白愛，那樣的奉獻是種乞求，是用另一種方式在尋求東西。一個祈禱的人不懂得愛，既然你是佔有性的、既然你是透過奉獻、透過祈禱在尋求一個結束、一個結果，那就會讓你變得感性、情緒化，自然而然的也就沒有愛；沒有尊敬顯然就沒有愛。你大可以說你有尊敬，可是你只尊重上層的人，那是緣於想要某種東西的心情，是種恐懼的尊敬。如果你真正感受到尊重，會像尊重所謂至高那樣尊重最低的；既然你沒有那樣，就沒有愛。在我們當中慷慨、寬恕、仁慈的人是如此之少！有所報償時你就慷慨，當你看得到有東西回饋時，你就會仁慈。等這些東西不見，當這些東西不再盤據你心智、不再充滿你心靈時，就會有愛；而光是愛本身就可以轉化現在世上的瘋狂和精神異常——不是制度，不是理論，既非左派，也非右派。**只有當你不佔有、不嫉妒、不貪心，當你尊敬、當你有慈悲和同情心，當你會體貼你的妻子、孩子、鄰居、不幸的僕人時，才真正是在愛。**

愛沒有辦法思索、愛沒有辦法耕耘、愛沒有辦法練習，愛的練習、兄弟之情的練習仍在心靈範圍內，因此不是愛。只有當這一切終止時，愛才會出現，然後你才會明白何謂愛，愛不是份量上而是品質上的，你不會說：「我愛整個世界。」可是當你知道如何愛一個人時，便知道怎麼愛所有的人，就因為我們不知道怎麼愛一個人，我們對人類的愛才是假的。當你愛的時候，沒有一個或許多個的問題：就只有愛，只有在有愛時，所有的問題才得以解決，我們才知道其中的福佑和快樂。

論死亡

問題：死亡和生命的關係是什麼？

克里希那穆提：生和死之間有間隔嗎？為什麼我們要將死亡視為和生命分離的東西？為什麼我們會害怕死亡？為什麼會有那麼多書籍書寫死亡？生死之間為什麼會有這條界線？而那分隔是確有其物，或只是個武斷、屬於心靈的東西？

當我們說生命時，指的是一種有著身分證明，持續活著的過程，我和我的房子、我和我的太太、我和我的銀行帳戶、我和我過去的經驗——那就是我們認為的生命，對不對？生命是無論有意識或無意識記憶中的持續過程，包含了各式各樣的掙扎、紛爭、事件、經驗等等，所有的一切就是我們所謂的生命；與其相對的便是死亡，將一切都畫上了休止符。創造了反面，也就是死亡，而因為害怕它，我們開始尋求生命和死亡之間的關係；要是我們可以用某種解釋、以相信延續、來世來連結鴻溝，我們就能夠滿足。我們相信輪迴，或者其他型式延續的想法，然後試圖在已知和未知之間建立起一種關係，我們試圖連結已知和未知，然後試著找出過去和未來之間的關係，那就是我們在探索生命和死亡之間是否有任何關係時所做的事，不是嗎？我們想要知道如何連結生命和結束——那是我們基本的渴望。

好，我們有可能在活著的時候明白死亡這個結束嗎？要是我們有可能在活著的時候明白死亡是什麼，那就沒有問題了。是因為我們沒有辦法在活著的時候經歷未知，所以才會害怕，我們掙扎著想要在已知的結果，也就是我們和我們稱之為死亡的未知之間建立關係，可是，在過去與心無法想像、也就是我們稱之為死亡的東西之間能有關係嗎？我們為什麼要分隔兩者？難道不是因為我們的心只能在已知的範疇、在意識的範疇當中運作嗎？一個人只知道自己是個思想者、一個有著不幸、愉悅、愛、情感、各種經驗的特定回憶的角色；一個人只知道自己是持續的——否則一個人就沒有可成為什麼的自我回憶了，而現在當事情告一段落，我們稱之為死亡，就會產生未知的恐懼；所以我們想把未知拉進已知中，而我們所有的努力就是讓未知持續下去，也就是說，我們不想認識把死亡包括在內的生命，但是我們想知道如何繼續下去，永遠不要結束，我們不想知道生命和死亡，我們只想知道如何繼續下去，不要結束。

延續並非重生，在持續之物中，沒有新的東西，沒有創造性的東西——這點是相當明顯的，唯有當延續結束時，才有可能出現新的東西，但我們就是害怕結束，不肯去看唯有在結束中才會有更新、創造力、未知——不是日復一日的繼續我們的經驗、我們的記憶和不幸。只有當我們每天都讓舊的死去時，才會有新的。有持續就沒有新的——新的是創造性、未知、永恆、神明或隨便你要稱之為什麼的東西。**尋求未知、真實、永恆的人，也就是持續的實體永遠也找不到，因為他只能找到自我的投射，而他投射的並非真的，只有在結束、在死亡中，能夠得知新的；而那想要發現生死之間關係的人，用他所認為的超越來填補持續，是活在虛幻、不真實的世界中，是自我的投射。**

有可能在活著的時候死掉——也就是告一段落，化為烏有嗎？有可能活在這一切變得越來越多、或者越來越少的世界上，在這一切是爬升、獲得、成功過程的所在，在這樣的世界上，有可能搞清楚死亡嗎？有可能結束所有的記憶——不是實用的記憶、回家的路等等，而是內在依戀透過記憶附著於心理上的安全感，一個人所累積、所儲存的記憶，好讓人從中去尋求安全感和快樂嗎？有可能結束掉這一切——意思是每天死去，然後明天重生再來嗎？只有到那時，一個人才可以活著認識死亡，只有在那樣的死亡中、那樣的瀕臨結束、不再持續下去，才有重生，才有永恆的創造。

論時間

問題：過往可以瞬間消失嗎？或者無可避免的一定需要時間呢？

克里希那穆提：我們是過去的產物，我們的思想建立在昨日和幾千個昨日上，我們是時間的結果，而我們的反應、我們目前的態度，全都是成千上萬的片刻、事件和經驗的累積效應，所以對絕大多數的人來說，過去就等於現在，這一點是無庸置疑的。你、你的思想、你的行動、你的反應全都是過去的結果。這位提問者想要知道過去可不可以即刻抹殺，指的不是隨著時間如何，而是立即抹殺掉；或者這份過去的累積非得需要時間才能讓心在此刻得到解放呢？了解這個問題很重要，那就是：

因為我們每一個人都是過去的產物，有著無數影響、持續更動、持續改變的背景，那有可能不透過時間的過程而清除掉背景嗎？

過去是什麼？我們所謂的過去是什麼？我們說的當然不是年代上的過去，而是累積的經驗、累積的反應、記憶、傳統、知識、無數想法、感情、影響和反應的潛意識儲藏室。具備那樣的背景是不可能了解真實的，因為真實必須無關時間：是永恆的，所以一個人以心靈這時間產物是無法了解永恆的。提問者想要知道是否有可能讓心自由，或者讓身為時間結果的心馬上不存在；或者一個人非得經過長長的檢視和分析，才能讓心從其背景掙脫出呢？

心靈**是**背景；心靈**是**時間的結果；心靈**是**過去，心靈不是未來，雖然可以把自己投射進未來，不過是運用現在做為通向未來的管道，所以心依舊是在——不管它做了什麼、不管它的活動、它未來的活動、它現在的活動、它過去的活動——時間的網中，心有可能因為過程告一段落而完全終止嗎？心顯然有很多層次；我們所稱的意識有很多層面，每個層面都和別的層面相互關聯，每個層面都依賴著別的層面，交互作用；我們整個意識都不只是經驗，也是命名、稱呼和記憶的儲存，那是整體的意識過程，不是嗎？

當我們說意識時，難道不是指經歷、命名那個經驗，以及把那經驗儲存在記憶裡頭嗎？在不同層面的這一切就是意識，做為時間結果的心靈為了讓自己從背景中掙脫出來，有可能一步步通過分析的過程，或者有可能完全的擺脫時間，直接正視呢？

要掙脫背景，許多分析者說你必須檢驗每一個反應、每一個情結、每一個障礙、每一個妨礙，顯然包含了一個時間過程，這意味著分析者必須了解他在分析什麼，而且不能錯誤演繹他所分析的，要是他錯譯了他所分析的，就會將他引導到錯誤的結論，然後建立起另一個背景。分析者必須不偏不倚的分析他的想法和感覺；而且在他的分析當中，絕對不能錯失一步，因為走錯一步，做出一個錯誤的結論，就是沿著一條不同的線，在不同的層面上重建一個背景。以下問題也會浮現：分析者有別於他所分析之物嗎？難道分析者和被分析之物不是一個結合的現象？

經驗者和經驗當然是一個整體的現象，它們不是個別的過程，所以首先讓我們來看看分析的困難，分析我們意識的整個過程，然後透過那樣的過程得到自由，幾乎是不可能的，畢竟分析的人是誰？分析者沒有什麼不同，儘管他可能認為他和自己所分析之物是不一樣的，他可能把自己和他所分析的分開來，但分析者仍是他所分析之物的一部分。我有個想法，我有種感覺——比如說，我生氣好了，分析這憤怒的人就仍是憤怒的一部分，因此分析者和被分析之物一樣，均是一個結合的現象，它們不是個別的力量或過程，所以分析我們自己、打開來、一頁頁的翻看我們自己，觀看每一個反應、每一個回應的困難是無限艱辛及漫長的，那並非我們脫離背景之道，是不是？一定有簡單得多、直接得多的方式，而那是要靠你和我去發掘的。為了找出它來，我們必須先把所有的錯誤排除掉，而且不要攀住它不放，所以分析不是辦法，我們也一定要擺脫掉分析的過程。

那麼你剩下了什麼？你只習於分析，對不對？觀察者觀察——觀察者和觀察到的東西結合成一個現象——試著分析觀察到什麼觀察者，不會從他的背景中掙脫出來，經驗者和所經驗的事情是一個結合的現象。要是如此，也真的是這樣，你就放棄了那個過程，不是嗎？要是你看出那是個錯誤的方式，要是你不光是口頭上了解，而是真的明白那是個錯誤的過程，你的分析會怎麼樣呢？你就會停止分析，不是嗎？然後你剩下什麼？看著它、跟著它，你就會看到一個人能夠如何迅速和飛快的掙脫背景。如果不是那樣，你還會剩下什麼？習於分析、探查、深入、解剖、下結論等等的心態是什麼？如果那個過程停止了，你又會有什麼樣的心態？

你說心是空白的，就繼續進入那空白的心靈吧，換句話說，當你排除掉錯誤的已知時，你的心會怎麼樣？你排除掉的到底是什麼？你已經排除掉是一個背景結果的錯誤過程，不是嗎？就這麼一擊，你已經揚棄了一切，所以你的心在你揚棄分析過程的所有涵義，並且看出它是錯誤的時候，已經擺脫掉昨日，因而能夠直接正視，無須經過時間的過程，然後馬上擺脫掉背景。

將整個問題從不同的觀點提出來，思想就是時間的結果，不是嗎？思想是環境、社會和宗教影響的結果，全是時間的一部分，那麼思想可否掙脫時間？也就是說，做為時間結果的思想能否停止，並且掙脫時間的過程？思想可以被控制、塑造；但是思想的控制仍在時間的範圍內，所以我們的難題是：心靈這個時間、這個好幾千個昨日的結果，要如何一下子掙脫這複雜的背景？你可以擺脫掉它，不是明天，而是現在，就在當下，只能在你了解什麼是錯誤的時候完成；而且錯誤顯然是分析的過程，而且是我們唯一擁有的。當分析的過程完全終止，並非透過強迫，而是透過了解那過程無可避免的錯誤時，你就會發現你的心全然脫離了過去——那並不意味著你不認同過去，而是你的心和過去沒有直接交流，所以它可以立刻從過去掙脫出來。這不是年代、而是心理上和過去的分解，這種擺脫昨日的完全自由是有可能的，也是了解真實唯一的方式。

簡單的說，當你想要了解某件事時，你的心態是什麼？當你想要了解你的孩子，當你想要了解某個人、某個人說的某件事時，你的心態是什麼？你不是在分析、評斷、判決其他人在說些什麼，而是在傾聽，不是嗎？你的心是在一個思考過程雖不活絡，卻非常警醒的狀態中，那份警醒不是時間，對不對？你只是警醒、被動的接受，然後充分的察覺；而唯有在這個狀態中，才會有了解。當心靈動搖、質疑、擔心、解析、分析時，就不見了解，熱切想要了解時，心顯然就會寧靜。這當然得由你親自來體驗，不用拿我的話當保證，不過你可以看到你分析得越多，了解得越少，你或許了解特定的事件、特定的經驗，但是完整的意識內容無法透過分析的過程清空，只能在你看出透過分析手法中的錯誤時，才能夠淨空。當你看出錯是錯的，然後才可以開始看到什麼是真的，而真實會讓你從背景中掙脫出來。

論不帶想法的行動

問題：為了真理，你提倡不帶想法的行動，有可能一直不帶想法、也就是說沒有個目標的行動嗎？

克里希那穆提：我們目前的行動是什麼呢？我們認為行動是什麼，我們的行動——我們想要做或成為的——是建立在想法上，對不對？那是我們所知道的一切；我們有想法、理想、承諾和各式各樣的模式，形成了我們的模樣，我們行動的基礎是未來的回報或者懲罰的恐懼，這事我們都知道，對不？這樣的活動是隔絕、自我封閉的，你懷抱著善良的念頭，並根據這想法在關係中生活及行動。對你來說，共同或個人的關係，就是達到理想、美德、收穫等等的行動。

當我的行動是基於一個念頭的理想——好比說是「我必須勇敢」、「我必須跟隨榜樣」、「我必須慈善」、「我必須有社交性」等等時——那個想法就塑造了我的行動，引導了我的行動。我們都說：「有個我應該要追隨的德行典範。」意即「我必須照那樣來活。」所以行動是建立在那個想法上的。在行動和想法之間有鴻溝、有間隔，有個時間的過程，就是那樣，不是嗎？換句話說，我不慈悲，我沒愛心，我心中沒有寬恕，但我覺得我必須寬大，所以在我是什麼與我應該如何之中有隔閡；我們一直都努力想要填補縫隙，這是我們的活動，對不對？

要是想法不存在會如何？你一口氣就可以移除掉鴻溝，不是嗎？你會**成為**你**本來的樣子**？你說：「我長得醜，我要變得漂亮；我要怎麼做？」——那就出於想法的行動。你說：「我沒有同情心，我必須變得有同情心。」那是引發行動外的想法，所以永遠沒有你由衷的行動，都只有建立在你想如何的理想上的行為。笨人總是說他要變得聰明，他不斷的努力、拼命想要變；從不停止，從來不說：「我是笨的。」所以他那全部基於想法的行動根本不算是行動。

行為意味著去做、行動，但當你有個想法時，那只不過意味著有與行動相關的想法及思想過程出現了而已，如果沒有想法，會怎麼樣呢？你就是你的原貌，你不慈悲，你無寬恕之心，你是殘酷、愚蠢、不體貼的，你可以繼續那樣嗎？如果可以，就看看會怎麼樣，當我承認我是不慈悲、愚蠢的時候，當我察覺到實情**如此**時會如何？就沒有慈悲、就不明智嗎？當我完全的認知不慈悲，而不只是口頭上、做作的，當我了解到自己是不慈悲、沒有愛心，在徹底看清**真相**時，難道那不就是愛嗎？難道我不是立刻就變得慈悲？要是我看到了乾淨的必要，很簡單，我就去洗一洗；但如果需要洗的是一個理想，會怎麼樣呢？清潔行動就會延遲，或者做得膚淺。

建立在觀念上的行動非常膚淺，根本就不是真正的行為，只是觀念，只是持續的思想過程而已。

行動將我們轉化為人，帶來重生、補救、轉化——隨便你要稱為什麼——這樣的行動不是建立在觀念上，是和回饋或處罰結果無關的行動，這樣的行動是永恆的，因為心是時間的過程，是算計的過程，是分化、孤立的過程，並沒有進入其中。

這不是個容易解決的問題，你們大部分的人提出問題，都期盼能得到個「是」或「不是」的答案，提出如「你是什麼意思？」的問題，然後坐回去讓我解釋容易，但要自己找出答案來，那樣深刻、清楚的進入問題，而且不讓問題繼續腐化就費力得多，只可能發生在心靈真正沉靜的面對問題時。如果你真的愛，那麼問題就像日落一般的美，要是你和問題敵對，就永遠都不會了解，我們大部分的人都是敵對的，因為我們害怕結果，害怕要是進行下去會怎樣，所以也就失去了這問題的意義和視野。

論新舊

問題：在聽你說話時，一切好像都又新又清楚，回到家後，那些東西卻都變得非常陳舊及沉悶？我是怎麼了？

克里希那穆提：我們生活的真實風貌如何？是不斷的挑戰和回應，那就是生命、是生活，對不對？——不斷的挑戰和回應，挑戰總是新的，而回應總是舊的。我昨天遇到你，你今天來看我，你已經不同了，你經過了修正，你已經變了，你是新的；但我有幅你昨天模樣的圖像，所以我把新的吸收進舊的裡頭，我沒有帶著更新的心情面對你，而是在見昨日模樣的你，所以我對挑戰的反應永遠是依條件調整的，在這一刻，你不再是個文人雅士、基督徒、高階人士或隨便什麼——你忘了一切。你只是聽、吸收、試著發掘出來，一待你回到原來的日常生活，你就回到舊時的自己——回到你的工作、階級、制度、家庭，換句話說，新的永遠被舊的吸收，融入舊的習慣、風俗、觀念、傳統、記憶之中。永遠沒有新的，因為你總是以舊的來面對新的，挑戰是新的，但你用舊的方式來面對，這提問中的問題在於要如何讓思想擺脫舊的，好永遠是新的。當你看到一朵花，當你看到一張臉，當你看著天空、一棵樹、一個笑容時，要如何重新去面對呢？為什麼我們沒有重新面對呢？為什麼舊的會吸收新的並加以修正；為什麼你回家後新的就停止了呢？

思考者浮現舊反應，思考者不一直都是舊的嗎？因為你的思想建立在過去上頭，當你遇到新的時，是思考者在面對；思考者永遠是舊的，所以我們從不同方面又回到了同一個問題上：要如何讓心本身不再做思考者？要怎麼撲滅記憶？不是實際上的記憶，而是心理上的記憶，也就是經驗的累積？沒有不受經驗殘渣控制的自由，就接受不了新的，解放思想的過程以便碰到新的是辛苦的，不是嗎？因為我們所有的信仰、我們所有的傳統、我們所有的教育方式都是模仿、複製、記憶、建立起記憶累積的過程。那種記憶是對新的持續反應；我們稱記憶的反應為思想，是那思想與新的面對，所以怎麼會有新事物呢？唯有在沒有記憶的殘留時，才會有新事物，而只要經驗不結束、完成、告一段落，就會有殘渣，也就是經驗的了解尚不完全時。當經驗完成，就沒有殘渣——那是生命之美。愛不是殘留，愛不是經驗，是一種活生生的狀態，愛永遠是新的。所以我們的問題是：一個人可以持續的面對新的，甚至在家裡也一樣嗎?當然可以。要做到這一點，一個人必須帶來思想上、感情上的革命;只有時時刻刻把每個事件都想透，只有當每個反應都得到充分的了解，而不只是隨便看一下就丟到一邊，只有在每一個想法、每一種感情都完成、都想到透時，才會有擺脫堆積的自由。換句話說，在想通每一個想法和感情、做出結論、告一段落時，結尾和下一個想法間就會出現一個空位，在那沉靜的空位裡，有了重生，新的創造力就發生了。

這不是理論上的，不是不切實際的，如果你試著想通每一個想法、每一種感情，你就會發現那在你日常生活中是非常實際的，因為那樣你就是新的，而新的東西永遠持久。新就會有創造性，而有創造性就會快樂;一個快樂的人不會關心他富有或貧窮，不在乎自己屬於哪個社會階層、哪個階級或者哪個國家，他沒有領袖、沒有神明、沒有廟宇、沒有教堂，也就沒有爭吵、沒有敵對。

這肯定是解決我們在這混亂現世中的困難最實際的方式吧?因為我們沒有創造性，就我所用的字義來說，我們在意識所有不同層面上是非常反社會的，要在我們的社會關係、我們與任何事物的關係中非常的實際、非常有效率，一個人必須要快樂;沒有結局的話就不快樂，有持續想要成為什麼的過程也不會快樂，在終點那裡，有更新、重生、清新、喜悅。

只要有背景、只要心靈、思想者被他的思想條件化，新的就會吸收進舊的，舊的就會摧毀掉新的，要從背景、從條件調整過的影響、從記憶中掙脫，一定要掙離。只要思想和感情不完全的終止，就會有持續，在你把一個想法追求到底時，就完成了一個想法，因而結束每一個想法、每一種感情。愛不是習慣、記憶；愛永遠是新的。只有在心靈鮮活時，才會與新事物相會；而只要還有記憶的殘渣，心就不會清新。記憶是實物上，也是心理上的，我不是在談確實的記憶，而是心理上的記憶。只要對經驗尚無全盤了解，就有殘渣，那是舊的、昨天的，已經是過去；過去永遠會吸收新的，然後毀掉新的。唯有當心靈擺脫舊的時，才能夠重新面對一切，其中也才會有喜悅。

論命名

問題：在沒有命名或給稱呼的情況下，一個人要如何察覺一種情感？要是我感受到一種情感，幾乎是情緒一萌發，我就知道是什麼樣的情感，還是在你說「不要取名」時，指的是其他不同的事？

克里希那穆提：我們為什麼要為任何東西取名字？為什麼要給一朵花、一個人、一種情感稱呼？要不是想與人溝通情感、形容花朵等等；不然就是在跟自己確定那種感情，不是那樣嗎？我幫一樣東西、一種情感取名來溝通，「我在生氣。」或者我將自己同化於那種情緒，以便強化或者消除它，或者對它做一些事，我們賦予某樣東西、賦予玫瑰一個名字，以便和人溝通它，或者藉著給它名字，我們認為自己就了解了它。我們說：「這是玫瑰。」馬上看著它並推演下去，藉著賦予它名字，我們認為已經了解了它；我們把它分門別類，認為這樣就了解了那朵花所有的意涵及美麗。

為某樣東西命名，我們只不過把它放進一個種類中，就以為我們了解它了，沒有更加仔細的看它。然而，要是我們沒有給它一個名字，反而會**被迫**去看它。這是我們懷抱新意、帶著新檢驗性質接近花或者任何東西的手法；像過去從來沒有見過它一樣的看待它。命名是安置事情與人的一種相當便利的方法——藉著說他們是德國人、日本人、美國人、印度人，你可以給他們貼標籤或者摧毀掉標籤。要是你沒有給人貼上標籤，你就得被迫去正視他們，那要殺人就變得困難得多，你可以用顆炸彈毀掉稱呼，並且覺得那樣是對的，但是如果你不貼標籤，就必須面對個別事物——不論是個人或是朵花或是件事或是種感情——都得被迫去考慮你和它的關係，以及隨之而來的行動，所以取名字或給稱呼是一個捨棄、否定、責難或定義任何東西非常便利的方法，那是這問題的一面。

你命名的核心是什麼？總是要命名、要給稱呼的中心又是什麼？我們都感覺到有個中心、有個核心，對不對？我們從中行動、從中判斷、從中命名，那個中心、核心到底**是**什麼？有些人會喜歡把它想成精神真髓、神或隨便你要稱為什麼，所以讓我們發掘出那核心、那中心是什麼，何者是命名、稱呼、鑑定。核心肯定是記憶，對不對？一連串的感官，認同和封閉——過去，透過現在給予生命。中心、核心透過命名、稱呼、記憶餵養出現在來。

在我們敞開來時，即刻可見只要這個中心、核心還在，就沒有了解，唯有驅散這核心後，才會有了解，因為核心畢竟是記憶；是給各式各樣的經驗取名字、貼標籤、下定義的記憶。以那些命名和標籤化的過程，從那中心根據經驗記憶的感官、愉悅或痛苦，浮現接受和否定、決定要或不要，所以中心**就是**字眼，如果你不為那個中心命名，還會有中心在嗎？也就是說，要是你不依照字眼、要是你不用字眼來想，還能想嗎？是透過口語化有了思想，還是從回應思想開始口語化，中心、核心是無數歡樂和痛苦經驗記憶的口語化。請在自己身上看一看，你就會發現字眼已經變得比實體重要許多，稱呼已經變得比實體重要許多；我們根本就是活在文字上。

對我們來說，字就是真理、神，文字或是那些文字所代表的感情——都變得非常重要。當我們說「美國人」、「基督徒」、「印度教徒」，或者「生氣」這些字時——我們就**成了**代表那些感情的字眼，但我們並不知道那些感情是什麼，因為**字眼**已經反客為主，變得重要。當你稱自己是個佛教徒、基督徒，那是什麼意思，什麼是字眼後頭你從來沒有檢視過的意義？我們的中心、核心**是**字眼、標籤，如果標籤不重要，如果重要的是標籤**後**的東西，那你就可以探索，可是如果你認同於標籤並附上了，就無法再往前進了？而且我們**也**認同於標籤：房子、型式、名字、家具、銀行戶頭、我們的看法、刺激等等、等等，我們就是這所有的東西——是那些用名字來代表的東西，**東西**變得重要，名字、標籤，然後是中心、核心全**成了**字眼。

如果沒有字眼、沒有標籤，就沒有中心，是不是？有分解，有空無——不是恐懼的空無，那是完全不同的一回事。有種什麼都不是的感覺，因為你必須排除所有的標籤，或者更甚者，因為你已經了解為什麼總是會給一種你覺得是全新的情感和想法貼上標籤，不是嗎？你沒有行動的中心，身為字眼的中心已經分解，標籤已經被取走，而哪裡是你的中心？你已經做到這一步，起了轉化，那個轉化會有點嚇人；所以你不繼續推進仍然參與其中的；你已經開始評斷它，決定你喜歡或不喜歡。你不再繼續進行已經知道會出現的事情，反而開始加以評斷，意味著你有了從中開始行動的中心，所以你在評斷的那一刻會堅守立場；「喜歡」與「不喜歡」這字眼變得重要，但是當你不命名時會怎麼樣？你會更直接的看著一種情緒、一種感覺，因此和它有了不同的關係，就像你接近一朵花而不為它取名字，你就會**被迫**重新去看待它，當你不為一群人命名時，你就會被驅使去看每一張臉，而不會再把他們當一群人對待，然後你就會警醒得多、觀察力強得多、更加了解；你有了份更深的同情、愛人的感覺；但你要是把他們當群眾看，那就完了。

要是你不貼標籤，那就必須關注每個浮現的情感，當你貼上標籤時，那情感有別於標籤所示嗎？或者是那標籤喚起了那份情感？請仔細的想一想。當我們貼標籤時，我們大部分的人都增強了那份情感，情感和命名都是即時的，要是名字和情緒之間有著鴻溝，你就可以發掘情緒是否有別於名字，然後不要加以命名，直接去處理那個情緒。

問題就在這裡，對不對？要如何從一種我們命名的情感，好比說是生氣當中掙脫出來？不是征服、昇華、壓抑，那全都是白痴和幼稚的，而是要如何真正的擺脫掉？要真正的擺脫掉它，我們就必須發掘字眼是否比情感還要重要，「生氣」這字眼已經比情緒本身更有力，真正的發掘會發現在情緒和名字之間有著鴻溝，這是一部分。

要是我不為一種情感命名，也就是說，如果思想不獨獨為字眼而運作，或者我不像我們大部分人那樣依照字眼、影像或符號來思考——會發生什麼事？那樣心就不只是觀察者，當心不再依附字眼、符號、影像來思考，思想者和思想的命名就分開了，然後心就會安靜下來了，不是嗎？——不是**讓**它安靜，而**是**就安靜下來了。當心真正安靜時，就能馬上應對那些浮現的情緒，只有在我們賦予情感名字，強化了它們時，這些情感才會繼續不斷；它們儲存在中心裡頭，而我們從中再給予更進一步的稱呼，要不是強化它們，就是拿它們來交流。

當心不再是中心，不再如思考者以字眼、以過去經驗——那全都是記憶、標籤、儲存然後分類放在架上——組合而成，當它不再做諸如此類的事情時，心顯然就會安靜下來，不再受限制，不再是以我為主的中心——我的房子、成就、工作——那仍是字眼，阻礙情感並強化了記憶，當這些事情不再發生時，心就會非常的安靜，那種情況並非否定。相反的，要到達這一點，你必須通過這種種一切，算是個重大的經歷；不只是學習一套字眼，並像個小學生一樣的重複它——「不要命名」、「不要命名」。透過它所有的含意追隨，經歷它，看心靈如何運作，然後達到你不再命名的所在，意味著思想不會再有個中心——這整個過程肯定才是真正的冥想。

當心靈真正寧靜時，無法丈量之物才有可能出現，其他任何過程、其他任何對真實的尋求都只是自我投射、自製，並非真實的，但過程費力，而且意味著心必須持續察覺內在所發生的一切，要達到這地步，從頭到尾都不能有判斷或辯證——這不是一個結束，沒有結束，因為非比尋常的事物仍在進行當中，這不是個承諾，是給你經歷，深入、深入、再深入你自己，以便中心許多層面都能夠分解，而你可以快速或悠閒的做。看心的過程、看它怎麼依賴字眼、字眼又如何激發記憶或讓死寂的經驗復甦並賦予生命，是相當有趣的，在那樣的過程中，心要不是活在未來，就在於過去，所以無論在神經化學上或心理上，字眼都有著重大意義，拜託不要從我或書本上學習這一切，你沒有辦法從別人身上學或在書中找到，你從書中學到或找到的東西雖非真的，但你可以經歷它，可以藉由你的行動看到你自己、注意你的思想，看你是怎麼想的、如何快速的在它浮現時為它取名及感受——並正視整個過程，讓心靈擺脫其中心，那麼安靜下來的心靈就可以接收永恆之物。

論已知與未知

問題：我們的心只知道已知的，是什麼驅動我們去發掘未知、真相和神呢？

克里希那穆提：你的心渴望未知嗎？我們的心中真有追求未知、真相和神的衝動嗎？請認真的想一想，這不是一個修辭學上的問題，不過還是讓我們真正的挖掘出來吧。我們每個人真的都有股尋求未知的內在衝動嗎？有嗎？你要怎麼尋求未知呢？如果你不知道，要如何找到它？是有種追求真實的迫切感，或者只是一種想要繼續擴展已知的渴望而已？你明白我的意思嗎？我知道很多事情；它們並沒有帶給我快樂、滿足和歡愉，所以現在我想要**其他**會帶給我更大的歡愉、更大的快樂、更大的生命力的東西——是你會要的。已知的，也就是我的心——因為我的心是已知的，是過去的結果——那種心靈有可能追求未知嗎？要是我們不知道真實、不知道未知，要如何尋找呢？一定要它自己出現，我沒有辦法去找，如果我去找，也只是在找我所投射的已知事物。

我們的問題不在於心中驅使我們去找未知的某樣東西——那已經夠清楚了，要更加確定、更加永恆、更加有成就、更加快樂，逃離動亂、痛苦和困惑是我們本身的渴望，那是我們明顯的動力，有那份動力、渴望時，你就會找到絕佳的脫逃和避難所——在佛陀、基督或政治標語及其他的一切裡頭。那並非真實；那不是未知的東西，不是未知，所以追求未知的渴望必須終止，對於未知的搜尋必須叫停；意味著要了解累積的已知，也就是了解心。心必須像已知一樣的了解自身，因為那是它所知的一切。你無法想你不知道的事情，你只能想你已經知道的事情。

我們的困難是心不**在**已知中前進；只有當心了解自己，以及它所有的動作都來自過去，透過現在投射到未來時才會發生，那是已知的持續動作；那樣的活動有可能畫下休止符嗎？唯有在了解它本身過程的機制，只有當心了解本身和它的運作、它的方式、它的目的、它的追求、它的要求——不只是膚淺的要求，而是內在深刻的渴望和動機時，才可能結束，這是一份相當吃力的工作。不是開個會、聽一場演講或看一本書就能夠找到，相反的，需要持續的注意、察覺思想的每個動作——不只在醒著時，連在睡覺時也是。必須是個完整的過程，而不是零星、片段的過程。

還有，**動機**一定要對，在我們內心想要未知的那份迷信一定要終止，以為我們大家都在追求神的想法，是個幻象——我們沒有也用不著**尋求**光，黑暗不再時，光自然就會出現，而透過黑暗，我們是找不到光的，我們能做的只是排除掉製造黑暗的柵欄，而排除有賴**動機**，如果你是**為了**看到光而排除它們，那你並沒有排除掉任何東西，你只是用光這個字眼取代了黑暗而已，即便超越黑暗而看，也只是避開了黑暗。

我們要考慮的不是驅使我們的東西，而是我們之間為什麼會有這樣的困惑、這樣的混亂、這樣的紛爭和敵對——當所有生活中的蠢事不再時，就會**有**光，我們不用去找。愚蠢不見，就會有明智，可是想要變得明智的笨人還是愚蠢的，愚蠢永遠創造不出智慧來；唯有愚蠢終止時，才會有智慧和明智，想要**變得**明智、聰明的笨人，顯然永遠也達不到目標。要知道何謂愚蠢，一個人必須深入其中，不是膚淺的，而是充分、完整、深刻而徹底；一個人必須進入愚蠢各個層次，而當那份愚蠢終止時，就有了智慧。

所以不是去找是否有比已知更多、更偉大的東西，把我們驅向未知，而是看清楚到底是我們心中的什麼東西製造了困惑、戰爭、階級差別、庸俗、追求名氣、累積知識，以及透過音樂、藝術、許許多多方式逃避。看清楚它們的本質，回歸到我們真正的樣子當然重要，從此我們才能進步，才能非常輕易的甩開已知，當心沉靜下來，不再往未來投射、期待什麼時；當心真正的安靜、非常的祥和時，未知就會進駐，用不著你去尋找，你是沒有辦法邀約它的，你能邀約的只是你所知道的，你無法邀請一位不認識的客人，只能邀請你所認識的，但是你對於未知的、神、真實或隨便你要叫做什麼的東西一無所知，必須等它自動前來，只有在場合對、土地耕耘好時，它才會出現，若是你為了要它來才耕耘，就無法得到它。

我們的問題不在如何尋求未知的東西，而是明白心靈的累積過程，也就是已知的，那是一份費力的工作：需要持續的關注、持續的察覺，裡頭沒有分心、同化、責難感；就只是那樣，那樣心才會靜止下來，沒有任何的冥想、戒律可以讓心達到實際字義上的平靜，只有當風停時，湖面才會平靜，你不能讓湖平靜，我們的工作不在於追求未知的東西，而是了解我們身上的困惑、騷動、不幸；然後事情才會暗暗浮現，其中有著歡愉。

真實與謊言

問題：真理如何如你說的那樣在重複之後成為謊言？謊言究竟是什麼？為什麼說謊不對？這難道不是一個我們生命中各層面都會碰到的深奧及微妙的問題嗎？

克里希那穆提：這裡頭有兩個問題，所以讓我們先檢視第一個：重複時真理是如何成為謊言的？我們重複的到底是什麼？你可以重複領會嗎？我可以用口頭表達，我可以溝通，但經驗肯定是不能重複的吧？**我們陷在字句當中，錯失了經驗的意義**，如果你有個經驗，你能夠重複它嗎？你可能會想要重複它，可能會想要它的重複、它的感覺，但是一旦你有了一個經驗，那就結束了，那是**不能**重複的。能夠重複的是知覺和賦予那知覺生命的對應文字，而不幸的，因為我們大部分的人都是宣傳者，陷在文字的重複裡，所以**我們是活在文字中，否定了真理**。

比如拿愛這種情感來說，你可以重複嗎？當你聽到「愛你的鄰居」這句話時，對你而言是個真理嗎？只有在你真的愛你的鄰居時，那才是真理；而愛是無法重複的，只有語言可以，但我們大部分的人卻歡喜、滿足於重複「愛你的鄰居」或者「不要貪心」，所以另一個人的真理，或是你有過的實際經驗，只會再三重複，不會變成一個事實，相反的，重複阻撓了事實，光是重複特定的觀念不是事實。

困難在於不以相對的角度來了解問題，謊言並非真實的反面，一個人可以看出別人說的事實究竟是謊言或事實，不是從相對或對照當中去看，而是因為大部分的人都不了解，僅僅是再三重複而已。比如說，我們正在討論的這個要不要為一種感覺命名等等事宜，我確信你們許多人會再三重複，認為它是「真理」。可是如果是個直接經驗，你永遠都不可能予以重複，你可能拿來交流，可是當它是個**實際**的經驗，背後的感觸就不見，而字眼後頭的情緒內涵也完全消散了。

比如拿思想者和思想合而為一這個想法來做例子好了，對你而言可能是個事實，因為你直接經歷過，但要是我重複就不真實了，對不對？——拜託，真實絕非錯誤的反面。那不切實際，只是在重複而已，因此沒什麼意義。你瞧，藉由重複，我們創造了教義，我們蓋了教堂，並在裡頭得到庇護，那些不是真理的字句順勢成為「真理」，字眼不是那玩意兒，對我們而言，玩意兒是那字眼，所以一個人才必須特別小心，別去重複自己不是真的了解的東西，你要是了解一件事，就可以溝通，但是字和記憶已經失去了它們情感上的意義，所以要是一個人在日常對話中了解了這一點，那他的外觀、語彙就會跟著改變。

當我們透過自我察覺尋求真理，而且不只是傳道者時，了解這一點就很重要，透過重複，一個人會藉著文字或感官來記住自己，一個人會陷在幻影中，要掙脫這一點，一定要直接經歷，而要直接經歷，一個人就必須先在重複、習慣、言語和感官過程中察覺到自己，那種察覺給人一種非比尋常的自由，所有能有更新、持續的經歷、重生。

另一個問題是：「謊言究竟是什麼？為什麼說謊不對？這在我們生活各層面不都是個深刻及敏感的問題嗎？」

謊言是什麼？是對立，對不對？自我對立，一個人可以有意識或無意識的對立，可以是故意或無意的；對立可以是相當、相當隱晦或明顯的，當對立的分裂很大時，一個人要不變得失衡，不然就是了解了分裂而開始著手修補。

要了解這個問題，了解什麼是謊言，還有我們為什麼說謊，一個人必須不依照對手的角度來深入其中，我們能以不預設、不去對立的心情，來看待我們自身的對立問題嗎？我們的困難就在於檢視這個問題，總會迫不及待的判定謊言，不是嗎？

但其實如果我們要了解它，是不是可以不預設真實或錯誤的角度，而是以什麼是**對立**來思考呢？我們為什麼會對立？我們之間為何會有對立？這中間難道沒有想要按照什麼標準、什麼模式的企圖在——不斷把自己類同於一個型式，不斷努力**成為**別人或是我們自己眼中的什麼，其中有個順應一種型式的渴望在，對不對？當一個人不照那模式活的時候，就會出現對立。

我們為什麼會有那些想要照著來活的模式、標準、近似概算和想法？為什麼？顯然是為了確定、安全、受歡迎、覺得我們不錯等等，**其中就有了對立的種子，只要我們將自己拉近某樣東西，試著成為某樣東西，就一定會有對立；因此就絕對會有錯對之間的分化**。我想你若會靜靜的進入是重要的。並不是說沒有錯誤或真實，而是為什麼我們之中會有對立，難道不是因為我們想要**成為**什麼——變高貴、變好、變高潔、變有創造力、變快樂等等？就在想要成為什麼的渴望中，有著對立——並不想要做什麼。甚具毀滅力的就是這個對立，要是一個人可以完全同化於某樣東西、同化於這個或那個，那對立就停止了；當我們自己完全認同於某件事，就會自我封閉起來，其中有抵抗，帶來了失衡——這是顯而易見的。

我們之中為什麼會有對立？我做了某些事情，而我不想被發現；我動了某些並不符合標準的想法，置我於對立的處境，而我並不喜歡。有相近似的就一定有恐懼，而造成對立的就是這份恐懼，然而要是沒有轉化、沒有試圖想要變成什麼，就不會有恐懼感，也就沒有對立；無論是有意識或無意識的，在我們各層面都不會出現謊言——不會有要壓抑的東西，要展現的東西。因為大部分人的生活都是些情緒和姿態之事，於是我們會根據情緒來裝模作樣——那就是對立。當情緒不見時，我們就恢復成原來的樣子。這對立才是真正重要的，不在於你有否說了個白色謊言，只要對立還在，就一定會有膚淺的生活，以及必須警戒的膚淺恐懼——然後是白色謊言——你曉得的，其他的一切會隨之而來。讓我們正視這個問題，不要問什麼是謊言，什麼是事實，不帶著這種相對進入我們的對立問題——非常的困難，因為我們是如此的依靠感官，所以我們大部分人的生活都是對立的。我們依賴記憶、看法，我們有許多想要掩蓋的恐懼——這些全都製造了我們身上的對立；一旦對立變得無法忍受，一個人就會瘋掉。人想要和平，但所做的一切事情卻都在製造戰爭，不只在家庭中，也在外頭，不去了解是什麼製造了紛爭，反而只會試著越來越像是這個或那個，或變成完全相反的東西，因而製造更大的分立。

有可能了解人們為什麼會產生對立嗎——不只是膚淺的，而是深入得多、是心理上的？首先，人是否察覺到自己活在對立的生活當中？我們想要和平，而我們是國家主義者；我們想避開社會的不幸，可是我們每個人偏偏又都是個人主義者，是有限、自我封閉的，我們一直活在對立當中，為什麼？難道不是因為我們是感官的奴隸嗎？這一點不用被否認，也不用被接受，只需要對感官涵義，也就是慾望充分的了解，我們想要的東西那麼多，全都互相對立，我們有那麼多對立的面具；我們在面具適合時戴上它，而在其他事情更有利、更有趣時否定它，就是這種對立的狀態製造了謊言。相對於它，我們創造了「真理」，但真實當然不是謊言的反面，它的反面是不真實，反面包含了它自己的反面，所以是不真實，而要相當深刻的了解這個問題，一個人必須了解我們身在其中的一切對立。當我說：「我愛你。」隨之而來的是吃醋、嫉妒、焦慮、恐懼——那便是對立。一定要了解的就是這個對立，而一個人只有在察覺到它，不帶任何責難或正當化的察覺——就只是看著它。想要被動的看，一個人就得了解整個辯證或責難的過程。

看起來被動不是件容易的事；但了解了這一點，一個人就開始了解了自己感受和思考方式的全部過程，當一個人察覺了體內對立的全盤意義，就會帶來非比尋常的變化：你是你自己，不是某種你**努力**想要成為的東西。你不會再追隨一個理想、追隨快樂，你就是你自己，然後可以從那裡前進，也就沒有對立的可能了。

論神

問題：你已經了解了**真相**，你可以告訴我們神是什麼嗎？

克里希那穆提：你怎麼知道我已經了解了呢？要知道我已經了解的話，你自己一定也已經了解，這可不只是個聰明的答案而已，**要知道某件事，你一定得身在其中才行**，一定也要有那樣的經驗，所以你說我已經了解了這句話顯然沒有意義。我已經了解或不了解有什麼關係？我說的不是真理嗎？就算我是舉世最完美的人物，如果我說的不是真理，你為什麼要聽我的？我的了悟和我所說的毫無關係，**一個人因為另一個人已經了悟而崇拜他，其實是在崇拜權威，所以他自己永遠也找不到真理**，了解已經了解的，並且認識已經了解的人完全不重要，是不是？

我知道所有的傳統都說：「和已經了悟的人在一起。」你怎麼得知他已經了悟了？你所能做的只是與他為伴，而連那在現在都極度困難，以極致的字義來看，那種不尋找東西、不追求東西的——好人很少，那些尋找及追求東西的人都是剝削者，因此很難找到同伴來愛。

我們理想化了那些已經了悟的人，並希望他們可以給予我們什麼，這是種錯誤的關係，如果沒有愛，了悟的人要如何溝通？那是我們的困難，在我們所有的討論中，我們並非真正愛彼此，我們充滿了懷疑，你想要從我身上得到某些東西，知識、了悟，或者你想要和我在一起，這些全部指示出你並不愛，你想要某樣東西，所以是出於剝削，要是我們真正相愛，就會有即時的交流，那麼你是否了悟，而我不了悟，或者是否你高而我低就沒有關係了。是因為我們的心枯萎了，神才會變得那麼重要，也就是說，你想要認識神是因為你已經失去了心靈之歌，才會想要尋找歌手，問他是不是可以教你唱歌，他可以教你技巧，但是技巧不會引導你至創作，你無法光憑知道如何唱歌而成為音樂家。你可能懂得所有的舞步，可是如果你心中沒有創造力，你只不過像機器一樣運作而已。如果你的目標只在於得到一個結果，那你沒有辦法去愛，不會有所謂的理想，因為那只是項收穫而已，美不是個收穫，是真實，是現在，不是明天。如果有愛，你就會明白未知，會知道神是什麼，而且無須由別人告訴你——那就是愛的美，本身即是永恆。是因為沒有愛，我們才會想要別人、想要神來給我們愛。要是我們真正的去愛，你知道這世界會變得多麼不同嗎？我們會變成真正快樂的人，所以我們不該把我們的快樂投資在東西、在家庭、在理想上，我們應該快樂，而東西、家庭和理想就不會主宰我們的生活，它們全都是次要的事情，是因為我們不愛，也因為我們不快樂，才會投資在身外之物上頭，認為它們可以給予我們快樂，而我們投資的身外物之一就是神。

你要我告訴你真實是什麼，無法形容之物可以訴諸於文字嗎？你可以衡量無法衡量之物嗎？你可以用拳頭捕捉住風嗎？要是可以，那還是風嗎？要是你衡量了無法衡量之物，那是真的嗎？要是你陳述了它，它是真的嗎？當然不是，因為在你形容了某樣無法形容的東西那一刻，它就不再真實了，在你將未知翻譯成已知的那一刻，它就不再未知了，然而那正是我們所憧憬的。我們一直都想要知道，因為那樣我們才可以繼續，然後我們才可以——我們自以為——永遠捕捉到終極的幸福。我們想要知道是因為我們不快樂，因為我們悲慘的奮鬥，因為我們筋疲力盡、退化。但相對於了解簡單的事實——了解我們是退化、遲鈍、疲憊、在動亂中的——我們卻想要從已知移往未知，結果那再度變成已知，於是我們永遠也找不到真實。

所以與其去問誰了悟了，或者神是什麼，何不轉而對自己全神貫注，並察覺**真**

相，那麼你就會發現未知，或它會主動到你身邊來，要是你了解了已知，你就會經歷不是勸誘、不是強求而來的非凡安靜，唯有那種創造性的空能讓真實進駐，那是無法在調適、在努力中出現的；只能在渾然天成，在了解**真相**中呈現，然後你就會明白真實不在遠方，未知並不遙遠，就在**真相**中。就像問題的答案始終在問題中，真實也在**真相**中一樣；要是我們能夠了解這一點，就會知道真理了。

要察覺遲鈍、貪念、惡意、野心等等是非常困難的，察覺**真相**的這個事實就是真理，那是真的解放，解放的是真理，而不是你想要自由的努力，所以真實不在遠方，是我們把它置於遠方，因為我們想要把它當成自我延續的一種方法。它在這裡、現在、當下，永恆或者永遠是現在，而一個陷在時間之網中的人是無法理解現在的，要從時間中解放出思想，需要行動，可是心是懶惰的、怠惰的，所以會製造其他的障礙，只有藉由正確的冥想才有可能，那意味著完全的行動，不是持續的行動，而完全的行動只有當心靈了解持續的過程，也就是記憶——不是現實的，而是心理上的記憶時，才可能被了解。只要記憶還在運作，心靈就無法了解**真相**，但是當一個人了解結束的意義時，一個人的心靈、整個生命就會變得格外具創造性和警覺，因為在結束當中有重生，而在持續當中只有死亡、腐朽。

論頓悟

問題：我們能夠在事先毫無準備下，在你談及真理的瞬間了悟嗎？

克里希那穆提：你認為真理是什麼？我們別用一個我們不知道其意義的字眼；我們可以用簡單一點、直接一點的字，你可以直接明白、理解一個問題嗎？那就是其含意，是不是？現在你可以頓悟**真相**了嗎？了解了**真相**，你會了解真理的意義；可是說一個人必須了解真理是沒什麼意義的，你可以直接、充分的了解一個問題，然後擺脫掉它嗎？那就是這問題的含意，對不對？你可以立即了解一個危機、一個挑戰，清楚全貌，然後擺脫掉它嗎？你所了悟的並沒有留下記號；因此了悟或真理就成了解放者。現在你可以從問題、挑戰中解放出來嗎？生命不就是一連串的挑戰與回應嗎？如果你對挑戰的回應是依條件調整、限制、殘缺的，那個挑戰就留下了它的記號、殘渣，又會被另一個新挑戰給進一步強化。所以不斷有殘留的記憶、累積、傷痕，而你帶著這所有傷痕想與新事物相遇，將永遠碰不到新的東西，所以你永遠都不了解，永遠也掙脫不了任何挑戰。

問題、疑問在於我能否完全、直接的了解一個挑戰；感受它全部的含意，它所有的芬芳、深度、美麗、醜陋，並且從中脫離呢？挑戰永遠是新的，對不對？問題永遠是新的，對不對？比如說，一個你昨日的問題，已經經歷了你今日遇合時的變更，它已經是新的了，但你卻依然用舊心態去面對，因為你仍然沒有脫胎換骨，只是修正自己的思想去面對它。

讓我換個說法繼續解釋，我昨天碰見過你，在此同時你已經改變了，你已經經歷了修正，但我還是帶著你昨日的影像跟今天的你碰面，因此我並不了解你——只了解我昨日看到的你的圖像，如果我想要了解修正、改變過的你，我就必須消除，必須掙脫昨天的圖像。換句話說，為了了解那永遠都是新的挑戰，我也必須重新面對它，不能帶著昨日的殘渣；所以我必須跟昨天說再見。

生命究竟是什麼呢？是時時恆新的東西，不是嗎？是持續不斷經歷改變的東西，創造出新的感覺，今天永遠和昨天不一樣，而那正是生命之美，你和我可以更新的面對每一個問題嗎？當你回家，你可以重新面對你的妻子和孩子，面對挑戰嗎？要是你背負著昨日的記憶，就無法做到了，所以要了解一個問題、一段關係的真相，你必須全新的面對它——不是用一顆「開放的心靈」，因為那毫無意義，你必須不帶任何昨天記憶的傷痕來面對它——意味著在每一個挑戰浮現時，察覺到昨日所有的回應，而藉由察覺昨日的殘餘、記憶，你會發現它們毫不費力的散落，你的心也因而重新鮮活過來。

一個人可以在毫無準備的情況下，即刻了解真理嗎？我說可以的——不是從我某些幻想中，不是從某些幻影中，而是肉體上實際的體驗，你會看得到。隨便一個挑戰、任何小事件——用不著等待某些重大危機——看看你如何回應，察覺它、察覺你的反應、你的意圖、你的態度，你就會了解它們，就會了解你的背景，我保證如果你全神貫注，馬上就能做，要是去尋求你背景的全部意義，它就會呈現，然後你就能直擊真理，了解問題。了解是從現在、此刻來，永遠沒有時間性，雖然有可能是明天，其實還是現在；那只不過是在拖延，在準備接收明天之物，以防你了解**當下**的真相。你當然可以直接了解**現在**是什麼，不是嗎？要了解**真相**，你必須不受困擾、不分心，全心全意，你必須完全專注在當下，然後**真相**才會給予你所有的深度、所有的意義，你才能擺脫掉那個問題。

如果你想要知道真理，知道財產的心理涵義，比如說，如果你真的想要直接了解，那你現在要如何著手？面對問題你肯定要覺得親近，不要怕它，在你和問題之間絕不能有任何信念、答案，唯有在你跟問題直接聯繫時，才能找到答案，要是你引進了答案，要是你做了評斷，心理上有任何厭惡，那你就會拖延，就會準備等明天再去了解只能在「現在」了解的東西，所以你永遠無法了解。認知真理並不需要準備；準備包含了時間，而時間不是了解真理的方法，時間是持續的，而真理是永恆、非持續的。

我很擔心這一切聽起來顯得很困難，有嗎？其實只要你試驗它，就很容易、簡單了解，要是你弄成夢、冥想，就會變得非常困難，當你我之間沒有藩籬時，我就了解你，如果我對你敞開心房，我就直接了解你——而敞開胸懷和時間無關，時間會讓我敞開胸懷嗎？準備、系統、戒律能讓我對你敞開胸懷嗎？不，讓我對你敞開胸懷的是我想要了解的意願，我想要敞開胸懷是因為我沒有事情要隱瞞，我不害怕；因此我敞開了胸懷，就有了立即的交流，有了真理。要接收真理，要知道它的美，要知道它的歡喜，要有立即的接收，不被理論、恐懼和答案所矇蔽。

論單純

問題：單純是什麼？是把基本看得很清楚並揚棄其他的一切嗎？

克里希那穆提：讓我們來看看什麼不是單純，不要說「這是負面的」或「跟我們說些正面的」，那是不成熟的輕忽反應。那些提供你「正面」的人是剝削者；他們有你想要的東西可以給你，而透過這個過程，他們就掠奪了你。我們不做那樣的事，我們試著找出單純的真理，所以你必須予以排除，把想法甩到身後去，重新觀察，會害怕內在和外在改革的是擁有很多的人。

讓我們來發掘什麼是**不**單純，一顆複雜的心不單純，對不對？一顆聰明的心不單純；一顆對於正在做的事情有預設目標、有回饋、有恐懼的心不單純，是不是？一顆負載知識的心不單純；一顆因信仰而殘廢的心不單純，對不對？一顆認同於比較偉大之物，並且拚命保持那種身分的心不單純，是不是？我們認為擁有一、兩條纏腰布是簡單，想在外表上表現出簡單，並輕易為其所騙，那也正是非常富有的人崇拜放棄的人之原因。

什麼是單純？單純是排除掉非必要而追求必要——也就是指一個選擇過程嗎？難道那指的不就是選擇——選擇必要而擺脫掉非必要的？這是個選擇過程嗎？那是在選擇什麼實物？心靈，不是嗎？你叫它什麼並不重要，你說：「我選擇這個必要的。」你怎麼知道什麼是必要的？要不是你有一套別人說些什麼的模式，就是你自己的經驗說某些事情是必要的，你可以依賴自己的經驗嗎？當你選擇時，你的選擇是基於渴望，不是嗎？你稱為「必要」的東西是給予你滿足的東西，所以你又回到了同樣的過程中，不是嗎？一顆迷惑的心能夠選擇嗎？如果可以，那做出的選擇也必然還是迷惑的。

因此必要與非必要間的選擇絕非單純，而是紛爭。一顆在紛爭、困惑中的心永遠單純不了，當你擺脫掉，當你真的觀察並看穿所有錯誤的事情、心靈的狡計，當你看著它、察覺到它以後，就會知道何謂單純。被信仰所束縛的心永遠不會單純，被知識弄得殘廢的心永遠不會單純，被神、被女人、被音樂弄得分心的不是顆單純的心，一顆陷在辦公室、儀式、祈禱慣例中的心，是不會單純的。單純是行動，其中不帶想法，但那是相當罕見的事；單純意味著創造力，所以只要沒有創造，我們就成為災難、不幸和毀滅的中心，單純並非你所能追求或經歷的事情。單純就像花朵在正確時機開放一樣，當人人都了解生存和關係間整個過程時，就會自動呈現，因為我們從來沒有想過、觀察過，就察覺不到；我們珍惜外表上擁有得少的型式，但那並非單純，單純不是找來的，不是必要與非必要間的一個選擇，唯有當自我不再，當心靈沒有陷在沉思、結論、信仰、觀念時，才會出現，只有這樣自由的心靈可以發現真理，只有這樣的一顆心可以接收無可丈量、無以名狀之物，而那就是單純。

論膚淺

問題：一個膚淺的人要如何變得認真？

克里希那穆提：首先，我們必須察覺到我們都是膚淺的，不需要如此嗎？膚淺是什麼意思？本質上就是依賴的，是不是？依賴刺激、依賴挑戰、依賴另外一個人、心理上依賴特定的價值、特定的經驗、特定的記憶——不就是這一切組合而成膚淺嗎？當我依賴每天早上或每週上教堂來提升、來獲得幫助，那不是讓我顯得膚淺嗎？要是我必須實行特定的儀式來維持我的清高感，或者得到一種我曾經擁有的感覺，那不是讓我顯得膚淺嗎？當我把自己奉獻給一個國家、一個計畫或者一個特定政治團體時，那不是讓我變得膚淺嗎？依賴的這整個過程當然是在自我逃避；這種認同於一個較大之物，是在否定自己，可是我不能否定我自己；我一定要了解自己是什麼，而不要試著把自己拿去跟宇宙、跟神、跟特定的政黨或隨便你要叫做什麼的同化，這些全都會導向膚淺的思想，而從膚淺的思想只會生出持續有害的活動，不管是世界性的規模，或者個人的規模大小。

首先，我們知道自己正在做這些事嗎？我們不承認，我們都將其合理化了，我們說：「要是不做這些事，我要怎麼辦？我會生活得更差，我的心會兜不起來，現在我至少是努力朝比較好的目標前進。」我們越掙扎就越膚淺，首先我得看穿這點，是不是？那是最困難的事情之一；看出我是什麼，承認我是愚蠢、淺薄、狹窄、我是有嫉妒心的，要是我認清了自己，要是我承認了這些，那就可以從那裡起步了，一顆淺薄的心，當然是逃避**真相**的心，不逃的話，需要熱切的探索、否定遲鈍。我一知道自己淺薄，就開始了深入的過程——如果我對淺薄不採取任何行動。要是心靈說：「我很渺小，而我要深入了解一下，我要了解這渺小、這狹小所造成的一切影響。」那就有轉化的可能性；但是一顆察覺到渺小，並且想要藉由閱讀、藉由與人相會、藉由旅行、藉由像隻猴子一樣不斷的活動來變得不再渺小的渺小的心，就仍然是一顆渺小的心。

再說一次，你瞧，只有當我們與這問題正確接觸時，才會出現真正的解決辦法，問題的真正著手之道賦予無比的信心，我可以保證你這份信心足以移山——人本身的偏見、條件之山，察覺一顆淺顯的心靈，不用試著變深奧，一顆淺顯的心靈永遠無法了解偉大的深度，可以有充足的知識、資訊、可以重複字句——你知道一個活動的膚淺心靈所有的配備，但如果你知道你是膚淺、淺顯的，如果你察覺到淺顯，並不帶判斷、不帶責難的觀察其所有的活動，那不勞你採取任何行動，很快就會見到淺薄的事情完全消失不見，那需要耐性、注意，不是急著要有結果、要有收穫的渴望，想要一個成果和結果的，不過是顆淺薄的心靈。

你越察覺這整個過程，越會發現心靈的活動，但是你一定要用不試著畫上句點的心情來觀察它們，因為你一想要追求結果，就會再度陷入「我」和「非我」的二元性中——而將問題延續下去。

論平凡

問題：心靈應該被什麼佔滿？

克里希那穆提：這裡有個生活如何引進紛爭的好例子：**應該**如何與**實際**如何之間的紛爭。首先我們建立起**應該**如何、建立理想，然後依照那個模式去生活，我們說心靈應該充滿高貴的事情，充滿無私、慷慨、仁慈和愛；那就是模式、是信念、是應該的、是必須的，而我們就努力照著過活。所以，在**應該**怎樣與實際情形亦即**原貌**的推測中，就有套紛爭在進行，而透過紛爭，我們希望能夠脫胎換骨，只要我們還在跟**應該**如何纏鬥，就覺得高潔、覺得很好，但何者重要——是**應該**怎樣，或者是事情的**原貌**呢？我們的心靈被什麼所佔據——實際上，而非意識形態上的？被瑣事佔滿，對不對？被人的長相、野心、貪念、嫉妒、閒言閒語、殘忍所盤據，心住在一個瑣事世界裡，而一個瑣碎心靈創造出來的高貴模式還是瑣碎的，是不是？問題不在於心該被什麼所盤據，而是一顆心可不可以脫離所有的瑣碎？要是我們全部察覺、全盤探索，就會知道自己特定的瑣碎：不斷的交談、心裡持續的喋喋不休、擔心這個和那個、好奇別人在做什麼或不做什麼、試圖得到一個結果、跟著自己的強化摸索等等，我們被盤據且知之甚詳，那可以轉化嗎？那就是問題，對不對？問說心靈該被什麼所盤據只是不成熟而已。

好啦，察覺到我的心是平凡無奇，並且被瑣事所盤據的，可以掙脫這種情況嗎？難道心靈的本質不就是瑣碎的嗎？如果心靈只是記憶的結果呢？記得什麼？記得如何生存，不只是生理上的，還有心理上透過某些特定質素、美德的發展，經驗的累積，在本身的活動中建立起自我，那樣不瑣碎嗎？做為記憶、時間結果的心靈本身就是平凡的；要怎麼做才能從其平凡瑣碎中掙脫出來呢？可以做任何事嗎？請正視此事的重要性，自我中心活動的心靈會從那活動中掙脫出來嗎？顯然不能；不管做什麼，還是瑣碎的，可以去深入思考神，可以設計政治制度，可以發明信仰；可是依然在時間的範圍內，它的改變還是從記憶到記憶，還是被它自己的限制所束縛，心靈可能打破那個限制嗎？或是只有在心安靜下來，只有當它不再活絡，當它不管想像成怎樣，都會承認自己的瑣碎時，才會粉碎限制呢？在清楚其瑣碎後的心，充分察覺，因而變得真正安靜時——只有到那時，這些瑣碎才可能盡去。可是只要你不斷尋求心所應該佔據之物，那心就只會佔滿瑣碎之事，不管是蓋座教堂、祈禱或是到聖殿去。心靈本身是渺小、微小的，而光是口說它渺小，你還是沒有化解掉它的渺小，你必須了解它，心必須認知到自己的活動，而在那份認知的過程中，在察覺它有意識及無意識建立而起的瑣碎中，心靈會變得安靜下來。在那份寧靜中就有了創造性的狀態，而**這個**，就是帶來轉化的元素。

論心靈的平靜

問題：你為什麼會談及心靈的平靜？這個平靜究竟是什麼？

克里希那穆提：如果想要了解事情，心靈不是非平靜不可嗎？如果我們有問題，就會為之掛心，不是嗎？我們深入它、分析它、剝絲抽繭，希望能夠了解它。那麼我們透過努力、分析、比較、任何形式或心靈掙扎進而了解了嗎？了解當然只有在心靈非常寧靜時才會來臨，我們說我們和飢餓、戰爭或者人類其他問題纏鬥得越厲害，越深入紛爭，我們就越了解，真的是這樣嗎？個人之間、社會之間的紛爭已經延續了好幾世紀；內在與外在的戰爭一直都在，我們有用進一步的紛爭、進一步的戰鬥、詭譎的手段，解決了那戰爭、那衝突嗎？或者只有在直接問對問題，當我們與其面對面時，才會了解問題呢？我們只有在心靈與真相間沒有妨礙的騷動時，才能夠面對真相，所以要是我們想了解，心靈的寧靜不是重要的嗎？

無可避免的你一定會問：「要如何讓心靈平靜？」那是立即的反應，對不對？你說：「我的心騷動不安，要如何讓它平靜？」有任何制度有助於心靈安靜下來嗎？有程式、戒律可以讓心靈平靜嗎？可以的；但是當心被弄平靜時，那是真的寧靜嗎？或者只是把心靈封閉在一個想法、一個公式、一個格言裡頭？這樣的心是死的，對不對？所以大部分要成為精神上、所謂精神上的人都是死的——因為他們都把自己的心訓練成平靜，把它們封閉在一個要安靜下來的程式裡，很顯然的，這樣的心靈從來不得安靜；那只是壓抑，壓制下來而已。

心靈在了解只有自己安靜下來才會出現真理時，就會安靜下來；也就是說，如果我想要了解你，我就必須安靜，我不能有想要和你抗衡的反應，我不能有偏見，我必須把我所有的結論、經驗撇到一旁去，與你正面相對，只有到那時，當心靈掙脫我條件的調整，我才會了解，當我看到其中的真理，心靈才會平靜——不會再有如何**讓**心靈平靜下來的問題，只有真理可以把心靈從它的理想中解放出來；要看到真理，心靈必須了解只要它還在動搖，就永遠無法了解的這個事實。心靈的寧靜並非意志力、任何慾望行動製造出來的東西；如果是的話，這樣的心靈就仍是封閉、孤立的，這是一顆死寂的心，所以無法適應、無法柔軟、無法轉換，這樣的心沒有創造性。

那我們的問題就不在於如何讓心靈平靜，而是在每一個問題浮現於面前時，看出其**真相**，就像是風停之後平靜的湖面，我們的心會攪動是因為我們有問題；而為了迴避問題，我們讓心平靜下來，現在心投射出這些問題，那就沒有自外於心的問題了；只要心投射出任何敏感概念，實行任何形式的平靜，它就永遠不可能平靜，當心靈了解只有平靜才有了解時——就會變得非常安靜。那種安靜既非強制、也非規範，是騷動的心靈所無法了解的一種平靜。

許多追求心靈寧靜的人會從目前的生活中抽離，搬到鄉村、修道院、山裡去，或是將自己封閉在信仰裡，或是迴避找他們麻煩的人，這樣的孤立並非心靈的寧靜，把心封閉在一個想法，或者迴避把生活弄得複雜的人無法帶來心靈的寧靜，只有在沒有透過累積而來的孤立過程，全盤了解整個關係的過程，才會有心靈的寧靜。累積讓心蒼老；只有當心靈全新、當心靈鮮活、沒有累積的過程時——唯有那時，才可能得到心靈的寧靜，這樣的心靈不是死的，而是最活潑的，平靜的心是最活絡的心，可是如果你測試它、深入它，你就會看到平靜中並無想法的投射，顯然思想在各個層面都是記憶的反應，而思想無法處在一個創造性的狀態中。當平靜出現、當寧靜的心並非終極結果時，我們就會在那片寧靜中看到非比尋常的活動，一種受想法騷動之心永遠無法得知的至上行動。在那份寧靜中，沒有程序、沒有觀念、沒有記憶；只有在全盤了解「我」的整個過程時，才可能經歷創造性狀態的寧靜，否則寧靜就沒有意義了，唯有在那份並非最後結果的寧靜中，才會找到超越時間的永恆。

論生命的意義

問題：我們活著，卻不知道為什麼，對很多人來說，生命似乎是無意義的。你能夠告訴我們生命的意義和目的嗎？

克里希那穆提：先說你為什麼會問這個問題？你為什麼會要求我告訴你生命的意

義和目的？我們認為生命是什麼？生命有意義和目的嗎？難道活著本身不就已經是它的意義和目的了嗎？我們為什麼還想要更多？因為我們對自己的生命不滿足，我們的生命空虛、俗不可耐、單調、一遍又一遍的做著相同的事情，所以我們想要更多的東西、超越我們目前所做的事情，因為我們的生活是那樣空虛、沉悶、沒意義、無聊、難以忍受的愚蠢，我們說生命必須有更充實的意義，所以你才會問這個問題，**一個活得充實、看到事情本質、並且滿足於現況的人不會困惑；他很清楚，所以不會問人生的目的何在，對他而言，從頭到尾就是人生。**問題在於因為我們的生活空虛，就想要為人生找個目的，並為其努力，這樣的人生目的只可能是智能上的，之中沒有任何真實；當人生的目的是被一顆愚蠢、遲鈍、空洞的心靈追求時，那目的也會變得空虛，於是我們的目的就在於如何讓生命變得豐富，不是以金錢和外在的一切，而是內在的富裕——某些神秘的東西，當你說生命的目的在於快樂、生命的目的在於找到神，那想要找到神的慾望就只是一種生活的逃避，而你的神也只是已知的事物，你只能朝你知道的目標前進；要是你打造了一道樓梯通往你所謂的神，那它肯定就不是神，真實只會在生活、而不是逃離中找到，當你在尋求生命的意義時，你其實是在逃離，而不是了解何謂生命。生命是一種關係，生命是關係中的活動；當我不了解關係，或者關係迷惑時，我就會尋求更充實的意義。為什麼我們的生命如此空洞？為什麼我們這麼孤單和挫折？因為我們從來沒有深入的去看自己，了解自己，我們從來沒有承認過生命是我們的唯一僅有，因此應該充分及完整的去了解其中的意義，我們寧可逃避自己，所以才會從關係中去尋求生命的意義。要是我們開始了解行動，也就是我們與人、與財產、與信仰和想法的關係，我們就會發現關係本身已經帶來了回饋。你用不著去追求，那就像追求愛一樣，你可以藉由追求找到愛嗎？愛是無法耕耘的，你只會在關係裡、而不是在關係外找到愛，就因為我們沒有愛，所以才會想要尋求生命的意義，有了愛，也就是它自身即永恆的時候，那就用不著找神了，因為愛就是神。

就因為我們的心靈充滿了科技和迷信的喃喃自語，我們的生命才會這麼空虛，才會需要尋求超越我們自身的目的。要找出生命的意義，我們必須穿越自我之門；無論是有意識或無意識的，我們都在迴避面對事情的原貌，想要神幫我們開啟超越之門。這個有關於生命意義的問題只有沒愛的人才會提出，而愛只能在行動、也就是關係中找到。

論心靈迷惘

問題：我聽了你所有的談話，也看了你所有的書。我以最認真的心情請教你，如果如你所說的必須終止所有的思想、壓抑所有的知識、拋開所有的記憶，那我生命的目的何在？你如何把生命與我們所在的世界連結起來？這和我們悲傷苦痛的生存有何關聯？

克里希那穆提：我們想要知道的那狀態樣貌，唯有在所有的知識和認識都不再時，才會出現；我們想要知道這狀態和我們日常活動、日常追求的世界有什麼關係。我們知道自己目前的生活——悲傷、痛苦、持續的恐懼、沒有永恆；我們非常清楚，我們想要知道這狀態和那狀態有什麼關係——而如果我們把知識擱在一旁，脫離了我們的記憶等等，那存在的意義是什麼？

我們現在所知的生存目的是什麼？——不是理論上，而是確實的？我們每天生活的目的何在？只是生存，對不對？——帶著它所有的不幸、帶著它所有的悲傷和困惑、戰爭、毀滅等等，我們可以發明理論，可以說：「不應該這樣，應該是那樣。」但那全都只是理論而已，並非事實。我們知道的是迷惑、痛苦、受苦、永無止盡的敵對，要是我們徹底察覺的話，也都會知道這是怎麼來的，時時刻刻、日復一日，人生的目的是彼此摧毀、剝削，不論是個人或者群體，在我們的孤單、不幸中，我們試著去利用別人，試著逃離自己——透過娛樂、透過諸神、透過知識、透過任何形式的信仰、透過同化，那是我們目前生活的目的，無論是有意識或無意識的，世上可有個更深、更廣的超越目的，有個不困惑或不熟識的目的嗎？那毫不費力的狀態和我們的日常生活有關嗎？

那當然和我們的生活完全沒有關係，怎麼會有呢？要是我的心是疑惑、苦惱、孤單的，要如何與非自我的東西相關聯呢？真理要如何與錯誤、幻象相連結呢？我們不想承認這一點，因為我們的希望、困惑會讓我們相信比較大、比較高貴、跟我們有關係的東西，我們在絕望之中尋求真理，希望在發現當中，絕望可以消失不見。

所以我們看得出來困惑的、滿載悲傷的、察覺到自我空虛、孤單的心靈永遠也找不到超越之道，只有在困惑和不幸的根源被排除或獲得了解時，才有可能出現心靈的超越，我所說、所討論的一切都是要如何了解自己，因為**沒有自覺，就沒有其**

他，其他的都只是幻覺而已，如果我們可以時時刻刻的了解自己的全部過程，那就可以在清除自己的疑惑中看到那一點，其他的也會出現，經歷那個會和這個產生關係，但這個卻永遠不會和那個產生關聯。好比身在簾幕的這頭、在黑暗之中，一個人要如何經歷光、經歷自由？但一旦有真理的經歷，你就可以把它和我們所住的這世界連上關係。

要是我們從來不識愛的滋味，只是不斷的吵架、不幸、紛爭，那要如何經歷完全沒有這些的愛呢？可是一旦我們經歷過，就不用再麻煩去找出關係來了，還有愛、智能、作用，但是要經歷那種狀態，所有的知識、累積的記憶、自我認知的活動都必須終止，那樣心才無法產生任何投射的知覺，經歷過後，才會有在世的行動。

這當然就是生存的目的——超越心靈的自我中心活動，經歷了那樣並非以心靈來衡量的狀態後，那樣的經歷必能帶來內在革命。於是，如果有愛，就不會有社會問題，有愛就不會有任何問題了，是因為我們不懂得愛，才會有社會問題和如何解決我們問題的哲學系統，我說這些問題永遠也沒辦法藉由系統來解決，不管是左派、右派或中間路線，只有當我們可以經歷並非自我投射——我們的困惑、我們的不幸、我們的自我毀滅——的狀態時，才可以獲得解決。

論轉化

問題：你認為轉化是什麼？

克里希那穆提：顯然要有個徹底的改革。世界的危機需要，我們的生活需要，我們每天的事件、追求和焦慮需要，我們的問題需要，所以一定要有個基本的、徹底的改革，因為我們的一切都崩落了。看起來好像井然有序，其實是在慢慢的腐敗、毀滅：毀滅的波浪一直都凌駕於生命的波浪。

所以一定要有改革——但不是基於觀念的革命，這樣的革命只是觀念的延續，不是徹底的轉化，基於觀念的革命會帶來流血、腐化、混亂，從混亂之中，你無法建立秩序；你不能故意引來混亂，再希望從混亂之中建立起秩序，你並非神所選出來在迷惑中建立秩序的人，他們就存有這種錯誤的想法，因為打從他們擁有力量的那一刻起，就認定自己知道所有製造秩序之道，看著這全面的大災難——不斷重複的戰爭、階級間、眾人間持續的紛爭、糟糕的經濟和社會不公、能力與天賦的不平，存在於非常快樂、沉著及陷入仇恨、紛爭和不幸的人中間的鴻溝——眼見這一切，絕對要有改革、絕對要有徹底的轉化，不是嗎？

這個轉化、這個基本的革命是最後的極限，或是無時無刻的呢？我知道我們會希望它是個極限，因為依照長遠的角度來想事情要容易得多，最終我們會轉化，最終我們會快樂，最終我們會發現真理；在此同時，就讓我們繼續撐下去吧。當然這樣依照未來來思考的心靈，是無法在現下活動的；因此這樣的心靈不是在尋求轉化，只是在迴避轉化，而我們所謂的轉化是什麼？

轉化不在未來，也永遠不可能在未來，只可能在**現在**，時時刻刻。所以我們認為轉化是什麼呢？那顯然非常的簡單：**視錯誤為錯誤，真實為真實，在錯誤中看到真理，並在被接受為真實的事物中看到錯誤，視錯誤為錯誤，視真實為真實就是轉化**，因為當你把某件東西視為真實看得非常清楚時，真理就解脫了，當你看出某件事是錯誤時，某件事就消失了，當你看到儀式只是無謂的重複，看到其中的真實面而不為它辯證時，就是轉化了，對不對？因為另一個枷鎖已去，當你看到階級區分是錯的，那是在人之間製造紛爭、不幸、分化——當你看到這其中的真理，最深的真理就解放了，真理的最極致概念就是轉化，對不對？**在我們被那麼多的錯誤包圍時，能夠時**

時刻刻的認知錯誤，就是轉化。真理不是累積而來的，是時時刻刻都在發生的，累積、堆積的是記憶，而透過記憶，你永遠找不到真理，因為記憶是時間——過去、現在與未來的時間，持續不斷的時間。持續的時間永遠找不到永恆；永恆不是種持續狀況。**持久也不是永恆，永恆是在那一刻，永恆是在現在，**現在既不是過去的反映，也不是過去透過現在到未來的延續。

一顆渴望一個未來結果或者期待轉化為終極結果的心靈，永遠也找不到真理，因為真理是時時刻刻而來，必須重新發現的；無法透過累積而來，要是你背負著舊的負擔，要如何發現新的呢？唯有負擔終止，你才會發現新的，要時時刻刻在現在發現新的、永恆，一個人需要一顆特別警醒的心靈，一顆不追求結果、不相稱的心靈。一顆適合的心靈永遠無法得識滿足的全然喜悅，不是那種自以為滿意的滿足，不是得到一種結果的滿足，而是當心靈看到**真相**中的真理和**真相**中的錯誤時的滿足，那種真理的概念是無時無刻都在的；而那一刻若透過口語化，概念就會受到延宕。

轉化既非結束，也不是一個結果。轉化不是個結果，結果包含著殘渣、有因有果，只要有原因，就注定會出現效果，而那效果只不過是你想要轉化的結果而已，當你想要轉化時，你還是依照要轉變的角度來思考；想要轉變的永遠也搞不懂現有的模樣，**真理是時時刻刻的現狀**，而持續性的快樂就不是快樂了，快樂是一種沒有時間性的狀態，唯有極度的不滿時，才會有永恆的狀態——不是那種找個管道脫逃的不滿，而是沒有出口、沒有逃離、不再尋求滿足的不滿，唯有在那時，在至高不滿的狀態中，真實才可能出現，真實不是被帶來、被賣、被重複的，不能從書中取得，必須時時刻刻的發現，在笑容中、在眼淚裡、在落葉之下、在漂浮的思想中、在豐富的愛裡。

愛有別於真理，愛是一種思考過程與時間同樣全面終止的狀態，有愛，就有轉化，沒有愛，改革就沒有意義，那樣的話，改革便只是毀滅、衰敗、越來越大、不斷累積的不幸，有愛的地方，就有改革，因為愛是時時刻刻不間斷的轉化。

內容簡介

真理是一處無路可達之境。——克里希那穆提

如果真理可以讓我們完全的自由，那要到何處去找？根據克里希那穆提所言，我們無法從社會或其機構當中找到，也沒有辦法在有組織的宗教和教義中找到，更不可能在任何自助的精神導師或外在的精神「權威」身上尋獲，真理與永恆自由的希望無法來自某個教你做什麼、或相信什麼的人，只能透過你自己創造性的自覺獲得。

在這本克里希那穆提的文章和演講選集《最初與最後的自由》當中，他帶領讀者對大眾普遍的關注做大範圍的探索，像是受苦與恐懼、愛與性、生命的意義和個人的轉化等，也談論精神導師、心靈的平靜、國家主義、當今危機，從頭到尾均與純粹真理和完美自由的基本追求息息相關。

整本書是當代一個有關人類基本問題的清楚論述，透過密集的自我察覺和正確的思考，親力親為，我們便活在自由——真正的自由，完全的自由，最初與最後的自由之中。

作者

基度．克里希那穆提（Jiddu Krishnamurti，1895-1986）

克里希那穆提幼時即被通靈人認為是擁有最純淨性靈之人。一九二五年悟道。

他認為真理純屬個人的了悟，不存於任何人為組織的形式中，因此捨棄所有的組織。超

過半個世紀以來，他走遍全球超過六十個國家（包括歐美各地以及印度）公開演講、傳播教言。

自願追隨克氏的門徒將克氏的教誨整理、記錄後，出版成七十多種著作，並被翻譯成四十七國語文，在世上流傳至今。克氏被公認是當代最卓越的精神導師，向世人傳達正視人心、了解真相、認識愛與恐懼的教育理念。

譯者

胡洲賢

國立成功大學外國語文學系畢業。嗜書成性，賣文維生。專業翻譯與寫作，兼職電台節目主持人。

譯作包括：《老巴塔哥尼亞快車》、《撒哈拉》、《火車上的陌生人》（馬可孛羅出版）；《誰搬走了我的乳酪》（青少年及兒童版）、《誰說工作時不能跳舞》等；平日住在山明水秀的台東，熱愛悠閒生活。

責任編輯

馬興國

中興大學社會系畢業，資深編輯。

立緒文化全書目-4

序號	書　　名	售價	序號	書　　名	售價
CH0001	田野圖像	350	E0002	空性與現代性	320
CI0001-1	農莊生活	300	E0003-1	生命實理與心靈虛用	250
CJ0001	回眸學衡派	300	E0004	文化的生活與生活的文化	300
CJ0002	經典常談	120	E0005	框架內外	380
CJ0003	科學與現代世界	250	E0006	戲曲源流新論	300
CK0001	我思故我笑	160	E0007	差異與實踐	260
CK0002	愛上哲學	350	E0008	天啓與救贖	360
CK0003	墮落時代	280	E0009	辯證的行旅	280
CK0004	在智慧的暗處	250	E0010	科學哲學與創造力	260
CK0005	閒暇：文化的基礎	250	E0011	宗教、道德與幸福的弔詭	230
D0001	傅佩榮解讀論語（平）	380	F0001	大學精神	280
D0002	哈佛學者	380	F0002	老北大的故事	295
D0003-1	改變中的全球秩序	320	F0003	紫色清華	295
D0004	知識份子十二講	160	F0004	哈佛經驗：如何讀大學	280
D0006	莊子（解讀）	320	F0005	哥大與現代中國	320
D0007	老子	230	F0006	百年大學演講精華	320
D0009-1	西方思想抒寫	250	S0001	106 歲，有愛不老	250
D0010	品格的力量	320	S0002	18 歲，無解	150
D0011	全球倫理與宗教對話	250	S0003	小飯桶與小飯囚	250
D0012	西方人文速描	250	S0004	藍約翰	250
D0013	台灣社會文化典範的轉移	280	S0005	和平	260
D0014	傅佩榮解讀莊子（平）	499	S0006	一扇門打開的聲音	300
D0015	親愛的總統先生	250	T0001	藏地牛皮書	499
D0016	傅佩榮解讀老子（平）	300	T0002	百年遊記 1	290
D0017	傅佩榮解讀孟子（平）	380	T0003	百年遊記 2	290
D0018	傅佩榮解讀易經（平）	499	T0004	上海洋樓滄桑	350
D0019	傅佩榮解讀易經（精）	620	T0005	我的父親母親－父	290
D0020	傅佩榮解讀莊子（精）	620	T0006	我的父親母親－母	290
D0021	傅佩榮解讀老子（精）	420	T0007	新疆盛宴	420
D0022	傅佩榮解讀論語（精）	500	T0008	海德堡歲月	300
D0023	一個人猶太人的反省	330	T0009	沒有記憶的城市	320
D0024	傅佩榮解讀孟子（精）	500	Z0001	心象風景（寄賣）	900
D0025	綠色全球宣言	350	Z0002	讀書筆記	80
D0026	荻島靜夫日記	320			

線上購書可享八折優惠。購書滿一千元即可免郵資寄送，未滿一千元請另加郵資工本費五十元（限台灣地區）。另有套書優惠，請參閱立緒文化網址：http://www.ncp.com.tw。

立緒文化全書目-3

序號	書　　名	售價	序號	書　　名	售價
CD0001-1	跨越希望的門檻（精）	350	CF0001	張愛玲	350
CD0002	生命之不可思議	230	CF0002	曾國藩	300
CD0004	一條簡單的道路	210	CF0003	無限風光在險峰	300
CD0005	慈悲	230	CF0004	胡適	400
CD0007	神的歷史	460	CF0005	記者：黃肇珩	360
CD0008	教宗的智慧	200	CF0006	吳宓傳	260
CD0009	生生基督世世佛	230	CF0007	盛宣懷	320
CD0010	心靈的殿堂	350	CF0008-1	自由主義大師以撒・柏林傳	400
CD0011	法輪常轉	360	CF0009	顧維鈞	330
CD0012	你如何稱呼神	250	CF0010	梅蘭芳	350
CD0013	藏傳佛教世界	250	CF0011	袁世凱	350
CD0014	宗教與神話論集	420	CF0012	張學良	350
CD0016	人的宗教	400	CF0013	一陣風雷驚世界	350
CD0017	近代日本人的宗教意識	250	CF0014	梁啓超	320
CD0018	耶穌行蹤成謎的歲月	280	CF0015	李叔同	330
CD0019	宗教經驗之種種	420	CF0016	梁啓超和他的兒女們	320
CD0020-1	巫士、詩人、神話	320	CF0017	徐志摩	350
CD0022	下一個基督王國	350	CF0018	康有爲	320
CD0023	超越的智慧	250	CF0019	錢　穆	350
CD0024	達賴喇嘛在哈佛	280	CF0020	林長民・林徽因	350
CD0025	幸福	260	CF0021	弗洛依德傳 1	360
CD0026	馴服內在之虎	200	CF0022	弗洛依德傳 2	390
CD0027	曼陀羅	350	CF0023	弗洛依德傳 3	490
CE0001	孤獨的滋味	320	CF0024	李鴻章	360
CE0002	創造的狂狷	350	CF0025	李鴻章傳	220
CE0003	苦澀的美感	350	CG0001	人及其象徵	360
CE0004	大師的心靈	480	CG0002	榮格心靈地圖	250
			CG0003	夢：私我的神話	360
			CG0004	夢的智慧	320
			CG0005	榮格與占星學	320

立緒文化全書目-2

序號	書　　名	售價	序號	書　　名	售價
CC0001	自求簡樸	250	CC0038	天才、狂人與死亡之謎	390
CC0002	大時代	480	CC0039	王蒙自述：我的人生哲學	280
CC0003	簡單富足	450	CC0040	日本人論	450
CC0004	家庭論	450	CC0041	心靈轉向	260
CC0007	認同・差異・主體性	350	CC0042	史尼茨勒的世紀	390
CC0008	文化的視野	210	CC0043	影子大地	260
CC0009	世道	230	CC0044	文化與抵抗	300
CC0010	文化與社會	430	CC0045	海盜與皇帝	320
CC0011	西方正典（上）	320	CC0046	歷史學家的三堂小說課	250
CC0011-1	西方正典（下）	320	CC0047	狂熱份子	280
CC0012	反美學	260	CC0048	族群	320
CC0013-1	生活的學問	250	CC0049	王丹訪談	250
CC0014	航向愛爾蘭	260	CC0050	中國文學新境界	350
CC0015	深河	250	CC0051	卡夫卡的沉思	200
CC0016	東方主義	450	CC0052	印第安人的誦歌	320
CC0017	靠岸航行	180			
CC0018	島嶼巡航	130			
CC0019	衝突與和解	160			
CC0020-1	靈知・天使・夢境	250			
CC0021-1	永恆的哲學	300			
CC0022	孤兒・女神・負面書寫	400			
CC0024	小即是美	320			
CC0025	少即是多	360			
CC0026	愛情的正常性混亂	350			
CC0027	鄉關何處	350			
CC0028	文化與帝國主義	460			
CC0029	非理性的人	330			
CC0030	反革命與反叛	260			
CC0031	沉默	250			
CC0032	遮蔽的伊斯蘭	320			
CC0033	在文學徬徨的年代	230			
CC0034	上癮五百年	320			
CC0035	藍	300			
CC0036	威瑪文化	340			
CC0037	給未來的藝術家	320			

立緒文化全書目-1

序號	書　　名	售價	序號	書　　名	售價
A0001	民族國家的終結	300	CA0001	導讀榮格	230
A0003	龍的契約	300	CA0002	孤獨	350
A0006-1	信任	350	CA0003	Rumi在春天走進果園（平）	300
A0007	大棋盤	250	CA0003-1	Rumi在春天走進果園（精）	360
A0008	資本主義的未來	350	CA0005	四種愛	200
A0009-1	新太平洋時代	300	CA0006	情緒療癒	280
A0010	中國——新霸權	230	CA0007-1	靈魂筆記	400
B0001	榮格	195	CA0008	孤獨世紀末	250
B0002	凱因斯	195	CA0009	如果只有一年	210
B0003	女性主義	195	CA0010	愛的箴言	200
B0004	弗洛依德	195	CA0011	內在英雄	280
B0006	法西斯主義	195	CA0012	隱士	320
B0007	後現代主義	195	CA0013	自由與命運	320
B0008	宇宙	195	CA0014	愛與意志	380
B0009	馬克思	195	CA0015-1	長生西藏	230
B0010	卡夫卡	195	CA0016	創造的勇氣	210
B0011	遺傳學	195	CA0017	運動：天賦良藥	300
B0012	占星學	195	CA0018	意識的歧路	260
B0013	畢卡索	195	CA0019	哭喊神話	350
B0014	黑格爾	195	CA0020	權力與無知	320
B0015	馬基維里	195	CA0021	焦慮的意義	420
B0016	布希亞	195	CA0022	邱吉爾的黑狗	380
B0017	德希達	195	CB0001	神話	360
B0018	拉岡	195	CB0002	神話的智慧	390
B0019	喬哀思	195	CB0003	坎伯生活美學	360
B0020	維根斯坦	195	CB0004	千面英雄	420
B0021	康德	195	CB0005	英雄的旅程	400
B0023	文化研究	195			
B0024	後女性主義	195			
B0025	尼采	195			
B0026	柏拉圖	195			

邱吉爾的黑狗

憂鬱症與人類心靈的其他現象

邱吉爾長期罹患憂鬱症
他稱憂鬱症為黑狗

本書佳評如潮　極爲可讀　極有深度

—— 當代英國首屈一指的精神病學者
Anthony Storr

有記憶的城市

最初與最後的自由

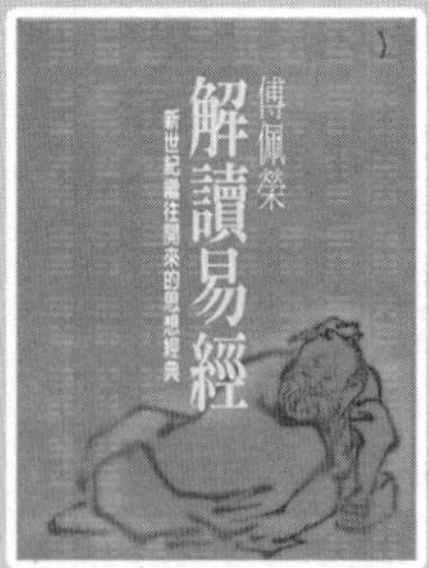

易經

曼陀羅：
時輪金剛沙壇城

為了人類社會能夠更完美，我們當中需要有些人去過「無用的」默觀生活。

—— Josef Pieper，《閒暇：文化的基礎》*Leisure, The Basis of Culture*

人是唯一看得到死亡逼近自身的生物。

這樣的理解，

大有脾益於心靈的專注。

為了準備一死，

人可以放下世俗的目標與感情的牽絆，

轉而耕耘內在的心田。

——《邱吉爾的黑狗》

一個猶太人的反省

荻島靜夫日記

綠色全球宣言

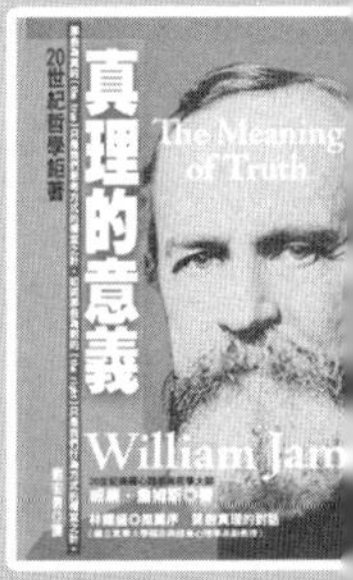

真理的意義

生活之道

幸福

人是否可能憑心識達到永恆寧靜歡喜的狀態？
達賴喇嘛開示「菩提道次第」的修行法

一天之中的利他行為越多，我們越會覺得心平氣和；
越以自我為中心，越會覺得事事不順遂。 ––達賴喇嘛

作者◎達賴喇嘛　　中譯◎薛絢

定價：260元

曼陀羅
––時輪金剛沙壇城

「時輪金剛是一個世界和平的載具。」
達賴喇嘛數度提及。
時輪金剛能不能解開二千六百年前
釋迦牟尼佛傳授密法的奧秘，幫助
我們面對今天瀕臨危險的地球以及倖存的人類？

The Wheel of Time　Barry Bryant ◎著

定價：350元

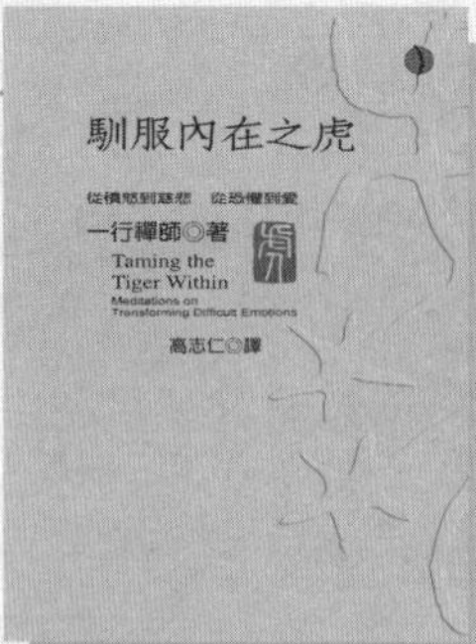

馴服內在之虎

「我覺得，快樂就是減少痛苦。
如果不能轉化內心的痛苦，
是不可能快樂的。」
本書是一行禪師多本暢銷書的
菁華揉合哲學與禪思，
引導我們清除快樂大道的路障。

作者◎一行禪師　　中譯◎高志仁

定價：200元

延伸閱讀

- 生命之不可思議/230元
- 慈悲/230元
- 達賴喇嘛在哈佛/280元
- 藏傳佛教世界/250元
- 意識的歧路/260元
- 超越的智慧/250元
- 和平/260元
- 情緒療癒/280元
- 神話/360元
- 坎柏生活美學/360元
- 神話的智慧/390元
- 千面英雄/420元
- 英雄的旅程/400元
- 神的歷史/460元
- 人的宗教/400元
- 宗教經驗之種種/420元
- 下一個基督王國/350元
- 最初與最後的自由/310元

中國經典解讀

傅佩榮解讀易經

一套由六十四卦形成的完整人生密碼—《易經》，
首尾相應，福禍相倚，吉中帶凶，凶中帶吉；
台大哲學系傅佩榮教授集三十年之功力
帶您領會《易經》之絕妙，
自我意識的覺醒，自我責任的提升，
德行修養的必要，
以及樂天知命的智慧。

解讀者◎傅佩榮

平裝定價：499元　精裝定價：620元

延伸閱讀

傅佩榮解讀五大哲學經典

新世紀繼往開來的思想經典

大字校訂．白話解讀．提供現代人簡單而有效的閱讀方法

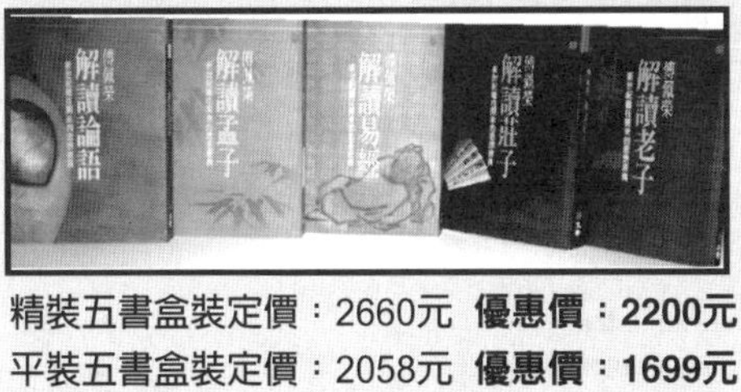

精裝五書盒裝定價：2660元　優惠價：2200元
平裝五書盒裝定價：2058元　優惠價：1699元

跨越智慧的門檻、文字的隔閡

《論語》沈潛於孔子思想的普世價值與人文關懷 **精／平：500元／380元**

《孟子》探究孟子向當政者滔滔建言的政治理想與人生價值
精／平：500元／380元

《莊子》逍遙翱遊莊子無限廣闊的天地
精／平：620元／499元

《老子》深入老子返樸守真的自由境界
精／平：420元／300元

《易經》涵蓋「天道、地道、人道」的生命哲學 **精／平：620元／499元**

延伸閱讀

中國文學新境界
輯錄各領域專精的學者，透過不同面向描摹中國文學的心靈面貌。
策劃人◎林明德
定價：350元

印第安人的誦歌
美洲與亞洲的文化關聯
作者◎喬健
定價：320元

巫士詩人神話
本書是了解印第安宗教信仰非常重要的史料
作者◎約翰．內哈特
定價：320元

國家圖書館出版品預行編目資料

克里希那穆提：最初與最後的自由／克里希那穆提（Jiddu Krishnamurti）著；胡洲賢譯.二版.－新北市新店區：立緒文化，民 101

面； 公分.（新世紀叢書；154）

譯自：The first and last freedom

ISBN 978-986-6513-65-7（平裝）

1.靈修

244.93　　101020214

克里希那穆提：最初與最後的自由

出版——立緒文化事業有限公司（於中華民國 84 年元月由郝碧蓮、鍾惠民創辦）
作者——克里希那穆提（Jiddu Krishnamurti）
譯者——胡洲賢

發行人——郝碧蓮
顧問——鍾惠民

地址——新北市新店區中央六街 62 號 1 樓
電話——(02)22192173
傳真——(02)22194998
E-Mail Address: service@ncp.com.tw
網址：http://www.ncp.com.tw
劃撥帳號——1839142-0 號　立緒文化事業有限公司帳戶
行政院新聞局局版臺業字第 6426 號

總經銷——大和書報圖書股份有限公司
電話——(02)8990-2588　傳真——(02)2290-1658
地址——新北市新莊區五工五路 2 號
排版——伊甸社會福利基金會附設電腦排版
印刷——祥新印刷股份有限公司

法律顧問——敦旭法律事務所吳展旭律師
版權所有・翻印必究
分類號碼——244.93
ISBN 978-986-6513-65-7
出版日期——中華民國 95 年 1～3 月初版　一～二刷 (1～4,500)
中華民國 101 年 10 月二版　一刷 (1～1,000)

Copyright © 1954 Krishnamurti Foundation of America
This Edition Arranged with Krishnamurti Foundation of America
Through Bardon-Chinese Media Agency
Complex Chinese translation copyright © 2006 by New Century Publishing Co., Ltd.
All Rights Reserved.
Description and date of photograph: Krishnamurti, Brockwood Park England, circa 1980
Credit / photographer: Mary Zimbalist Copyright: © KFA

定價◉310 元

立緒文化事業有限公司　信用卡申購單

■信用卡資料

信用卡別（請勾選下列任何一種）

□VISA　□MASTER CARD　□JCB　□聯合信用卡

卡號：________________

信用卡有效期限：______年______月

身份證字號：________________

訂購總金額：________________

持卡人簽名：________________（與信用卡簽名同）

訂購日期：______年______月______日

所持信用卡銀行：________________

授權號碼：________________（請勿填寫）

■訂購人姓名：________________ 性別：□男□女

出生日期：______年______月______日

學歷：□大學以上□大專□高中職□國中

電話：________________ 職業：________________

寄書地址：□□□

____

■開立三聯式發票：□需要　□不需要（以下免填）

發票抬頭：________________

統一編號：________________

發票地址：________________

■訂購書目：

書名：__________、______本。書名__________、______本。

書名：__________、______本。書名__________、______本。

書名：__________、______本。書名__________、______本。

共______本，總金額________________元。

⊙請詳細填寫後，影印放大傳真或郵寄至本公司，傳真電話：（02）2219-4998

信用卡訂購最低消費金額為一千元，不滿一千元者不予受理，如有不便之處，敬請見諒。

大都文化 閱讀卡

姓　名：

地　址：□□□

電　話：(　　)　　　　　　傳 眞：(　　)

E-mail：

您購買的書名：________________

購書書店：________市（縣）________書店

■您習慣以何種方式購書？

□逛書店 □劃撥郵購 □電話訂購 □傳真訂購 □銷售人員推薦

□團體訂購 □網路訂購 □讀書會 □演講活動 □其他________

■您從何處得知本書消息？

□書店 □報章雜誌 □廣播節目 □電視節目 □銷售人員推薦

□師友介紹 □廣告信函 □書訊 □網路 □其他________

■您的基本資料：

性別：□男 □女　婚姻：□已婚 □未婚　年齡：民國______年次

職業：□製造業 □銷售業 □金融業 □資訊業 □學生

□大眾傳播 □自由業 □服務業 □軍警 □公 □教 □家管

□其他 ________________

教育程度：□高中以下 □專科 □大學 □研究所及以上

建議事項：

愛戀智慧 閱讀大師

廣　告　回　信
北區郵政管理局登記證 北臺字8448號
免　貼　郵　票

立緒文化事業有限公司　收

台北縣 2 3 1

新店市中央六街62號一樓

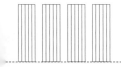

請沿虛線摺下裝訂，謝謝！

立緒文化 閱讀卡

感謝您購買立緒文化的書籍

為提供讀者更好的服務，現在填妥各項資訊，寄回閱讀卡（免貼郵票），或者歡迎上網至 http://www.ncp.com.tw 入立緒文化會員，可享購書優惠折扣和每月新書訊息。

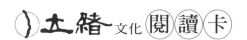